2.-6. Schuljahr

Gabriela Rosenwald

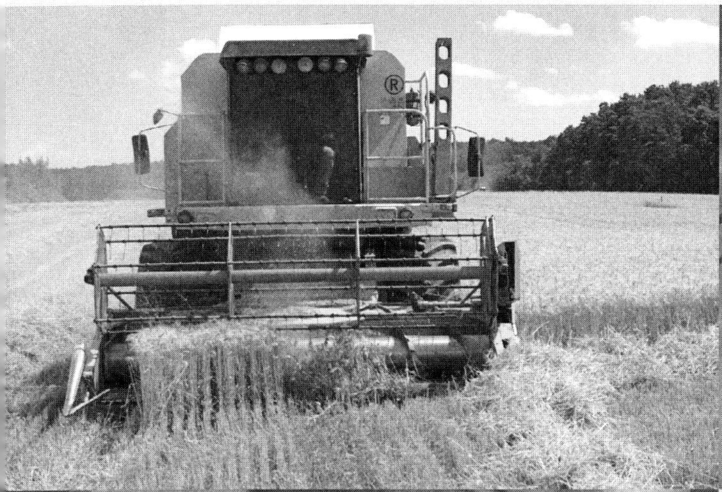

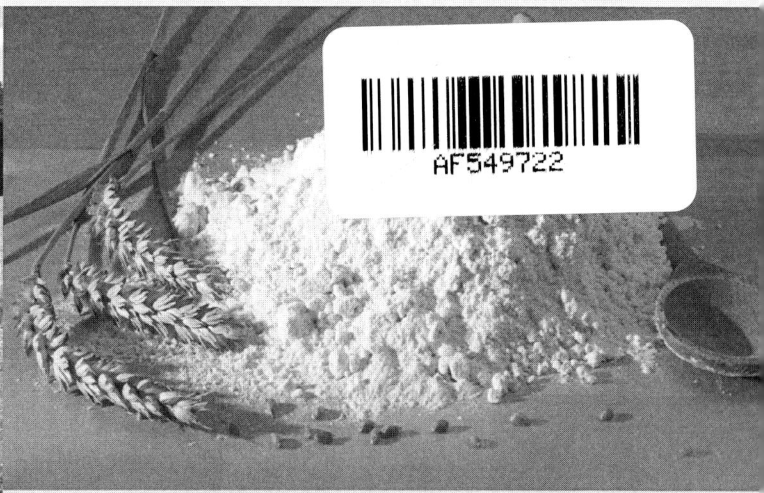

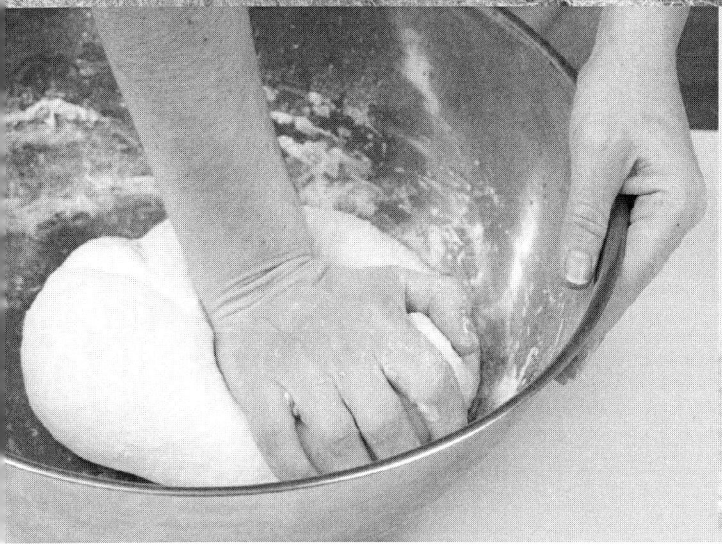

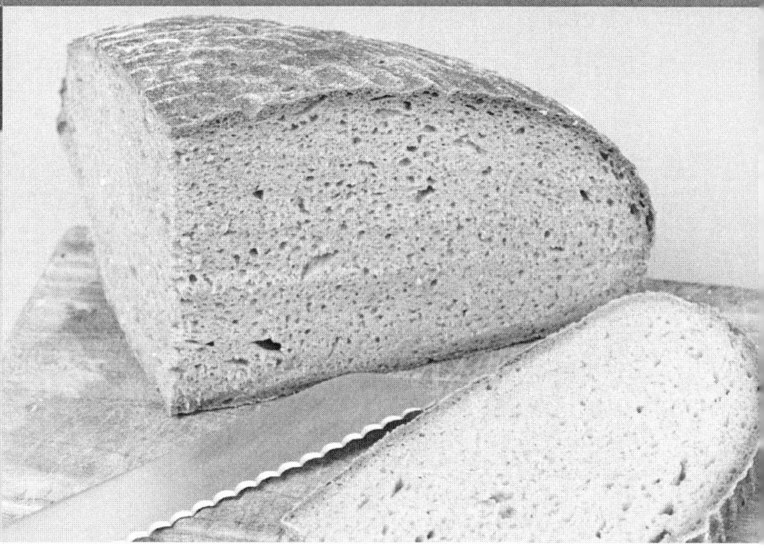

Lernwerkstatt

Vom Getreidekorn zum Brot

Von den Getreidearten bis zur Geschichte des Brotes

www.kohlverlag.de

Lernwerkstatt VOM GETREIDEKORN ZUM BROT

Von den Getreidearten bis zur Geschichte des Botes

7. Auflage 2024

Inhalt: Gabriela Rosenwald
Umschlagbilder: © fotolia.com
Redaktion: Kohl-Verlag
Grafik & Satz: Kohl-Verlag / Eva-Maria Noack
Druck: farbo prepress GmbH, Köln

Bestell-Nr. 11 089

ISBN: 978-3-86632-312-4

Inhalt

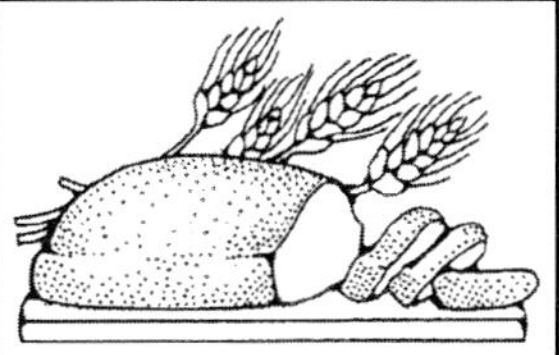

Seiten

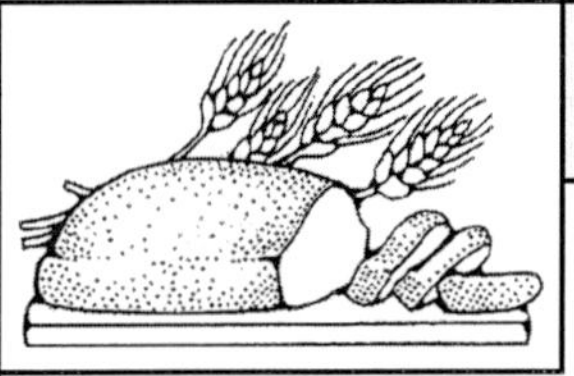

Inhalt

Lernwerkstatt VOM GETREIDEKORN ZUM BROT
Von den Getreidearten bis zur Geschichte des Brotes – Bestell-Nr. 11 089
KOHL VERLAG

Einleitung

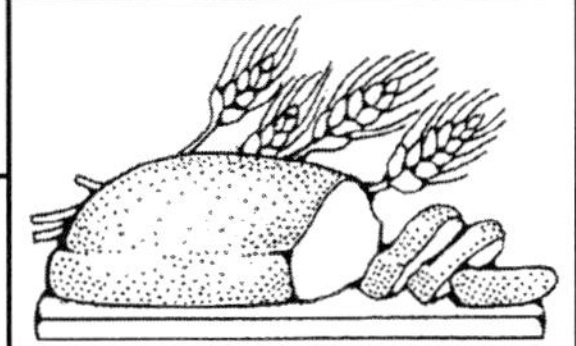

Liebe Kolleginnen und Kollegen,

„Unser täglich Brot“ haben wir – fast – alle. Doch wie entsteht dieses Brot?

Dieser Band begleitet das Getreidekorn auf seinem Weg vom Feld ins Brot, es berichtet über die Anfänge des Getreideanbaus, die ersten Backwerke, über die Arbeit von Bauern, Müllern und Bäckern.

Bei vielen Aufgaben, Rätseln und Spielen wird von den Schülern* sinnerfassendes Lesen, gutes Textverständnis und Nachdenken gefordert.

Praktische Arbeiten und Versuche (Mehl mahlen, Brot backen, Weizen züchten) und Bastelvorschläge vervollständigen das Angebot.

Diese Werkstatt bietet sich für folgende Einsatzmöglichkeiten an:

- als vielfältige Projektarbeit,
- für den Sachunterricht,
- zum Stationenlernen sowie
- als Freiarbeit oder
- für Vertretungsstunden.

Bei den verschiedenen Aktivitäten sind Material-Listen vorgegeben. Auf jeden Fall bietet es sich an, ausreichende Getreidehalme der verschiedenen Arten bereitzuhalten.

Fröhliches Lernen und viel Erfolg beim Einsatz dieser Lernwerkstatt wünschen Ihnen der Kohl-Verlag und

Gabriela Rosenwald

**Mit den Schülern bzw. Lehrern sind im ganzen Heft selbstverständlich auch die Schülerinnen und Lehrerinnen gemeint!*

Bedeutung der Symbole:

EA **Einzelarbeit**

PA **Partnerarbeit**

Schreibe ins Heft/ in deinen Ordner

Arbeiten in kleinen Gruppen

Arbeiten mit der ganzen Gruppe

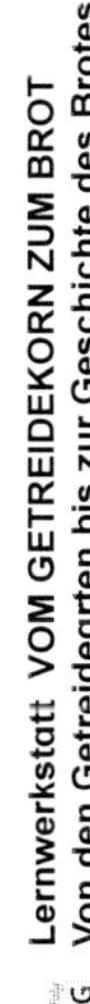

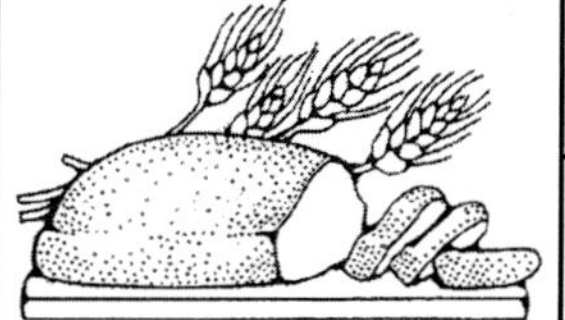

Arbeitspass Getreide

Name: ______________________________ Klasse: ______________

Aufgabe/Seite	Titel/Thema	begonnen	erledigt

Lernwerkstatt VOM GETREIDEKORN ZUM BROT
Von den Getreidearten bis zur Geschichte des Brotes – Bestell-Nr. 11 089
KOHL VERLAG

I. Die Geschichte des Brotes

Vor über 10 000 Jahren entdeckten die Menschen, dass die Körner bestimmter Gräser gut schmecken und satt machen. Erst haben sie die Körner nur gesammelt. Später lernten sie, solche Gräser auszusäen und zu ernten. So entstanden unsere heutigen Getreidesorten.
Früher wurde das Getreide gemahlen und mit Wasser vermengt als Brei gegessen. Später wurde der Brei auf heißen Steinen oder in der Asche als Fladenbrot gebacken.

Zwei Erfindungen haben das Brot backen entscheidend verändert:

Steinofen

Jörg Sommer / pixelio.de

Die erste war der Bau von Backöfen. Auf den Steinen lassen sich nur flache Brote backen. Ein Brot braucht beim Backen Hitze von allen Seiten.
Die zweite wichtige Entdeckung war die Wirkung von Hefe. Wenn man den Brotteig stehen lässt, sorgen Hefen aus der Luft für eine Gärung. Aus dem einfachen Teig wird ein Hefeteig. Daraus lässt sich ein leckeres und lockeres Brot backen.

Da es viele verschiedene Hefepilze gibt, wurden die Brote nicht immer gleich gut.

Der Mensch lernte im Laufe der Zeit, von dem gut gelungenen Teig eine kleine Menge vor dem Backen beiseitezustellen. Diese Menge wurde dem nächsten Teig wieder zugesetzt. So macht man es heute noch bei den Sauerteigbroten.

Von Ägypten aus gelangten die Kenntnisse des Brot backens nach Europa. Die Römer bauten die ersten großen Mühlen und konnten schon sehr feines Mehl herstellen.
So wurde in ganz Europa bis ins 19. Jahrhundert hinein Brot gebacken. In vielen Dörfern gab es Gemeinschaftsöfen oder Backhäuser, in denen einmal in der Woche jeder sein Brot backen konnte.

EA

Aufgabe 1: *Beantworte die folgenden Fragen in ganzen Sätzen.*

a) *Wie wurde früher Getreide verzehrt?*

___

___

___

I. Die Geschichte des Brotes

b) *Welche beiden Erfindungen beeinflussten das Brot backen?*

c) *Aus welchem Land kamen die Erfahrungen im Brot backen nach Europa?*

d) *Was gab es bis ins 19. Jahrhundert in vielen Dörfern?*

Aufgabe 2: *Fülle die grau markierten Felder richtig aus.*

1. Von manchen Gräsern schmecken die … gut und machen satt.
2. Auf heißen Steinen wurde das … gebacken.
3. Hefen machen aus dem einfachen Teig einen …
4. Der Teig, der den Broten am nächsten Tag zugefügt wird, heißt …
5. Die ersten großen Mühlen bauten die …
6. In vielen Dörfern gab es …
7. Eine wichtige Erfindung war der ...
8. Flache Brote backte man auf …

				4.						
			8.							
		1.				2.				6.
5.										
3.										
	7.									

KOHL VERLAG

II. Unser Frühstück

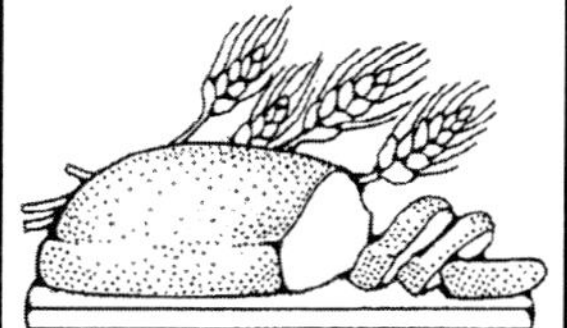

EA

Aufgabe 1: *Setze folgende Wörter in den Lückentext ein:*

Reis – Brötchen – Kartoffeln – Nudeln – Brot

Brot gehört zu den „Grundnahrungsmitteln“. Weitere Grundnahrungsmittel sind

____________________ , ____________________ und ____________________ .

Zum Frühstück essen wir ____________________ , ____________________ , Müsli oder Cornflakes.

EA

Aufgabe 2: *Wie sieht dein Frühstück aus? Schreibe die Sachen, die zu deinem Frühstück gehören, in das Cluster.*

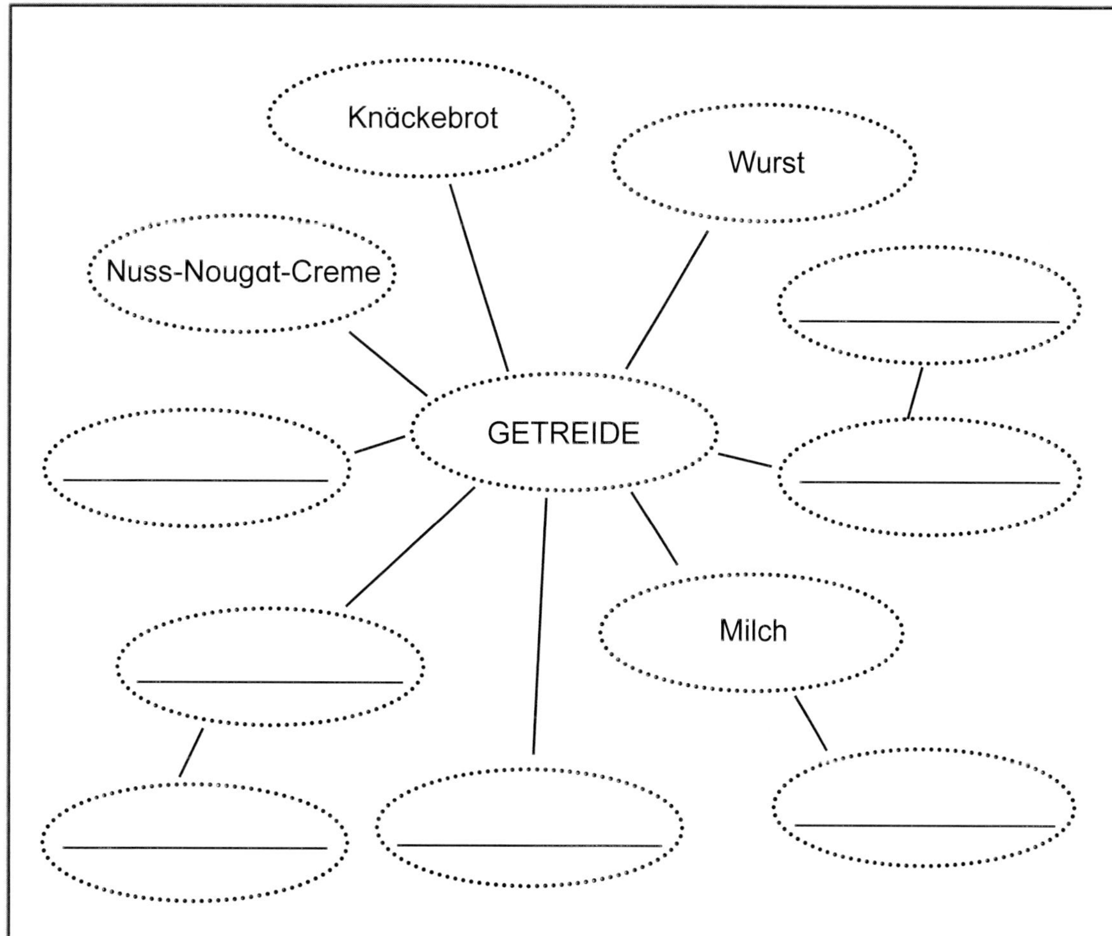

KOHL VERLAG
Lernwerkstatt VOM GETREIDEKORN ZUM BROT
Von den Getreidearten bis zur Geschichte des Brotes – Bestell-Nr. 11 089

III. Wichtigste Getreidearten – Kurzübersicht

Weizen

Wir unterscheiden Weichweizen und Hartweizen. Weichweizen wird vor allem in Nordamerika und Europa angebaut. Weizen erkennt man an den fast aufrecht stehenden Ähren. Er hat keine Grannen (Ährenborsten). Mehl aus Weizen ist hell und wird vorwiegend als Brotgetreide und für Kuchen verwendet. Hartweizen wird rund ums Mittelmeer angebaut. Er ist besonders zur Herstellung von Teigwaren (Nudeln) geeignet. Ein „Verwandter" des Weizens ist der **Dinkel**. Daraus backt man Brot und Brötchen.

Roggen

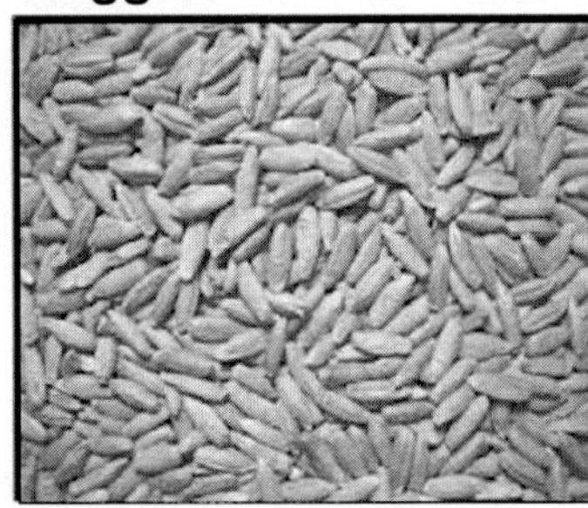

Roggen stammt aus Kleinasien. Roggenmehl ist grau und gut backfähig für Brot. Auch für Getreidespeisen, als Kaffeeersatz und zur Schnapserzeugung ist er gut geeignet. Roggen hat leicht abwärts geneigte Ähren mit kurzen Grannen.
Roggen wird z. B. in Deutschland, Polen und Russland angebaut.

Gerste

Sie stammt wohl aus Asien, wächst aber heute in allen Erdteilen. Zum Backen ist sie nicht geeignet. Verwendung findet sie aber für die Bier- und Branntweinherstellung (schottischer Whisky) und als Malzkaffee.
Gerste ist gut an ihren nickenden Ähren zu erkennen. Wie Haare hängen die langen Grannen herunter.
Wintergerste, im Herbst gesät, dient als Futter. Sommergerste dient als Braugerste.

Hafer

Der Hafer kommt aus Osteuropa. Er gedeiht auch in kühlen Lagen. Hafer hat einen hohen Fettgehalt und ist sehr nährstoffreich, aber nicht backfähig. Hafer wird vor allem als Futtergetreide sowie als Industriegetreide (Haferflocken) verwendet. Hafer hat keine Ähren, sondern Rispen. In den Ländern rund um die Ostsee wird Hafer angebaut, auch in Amerika, Kanada und Australien.

EA

Aufgabe 1: *Lies den Text und schreibe den richtigen Namen zu den Getreidehalmen.*

a) ____________________

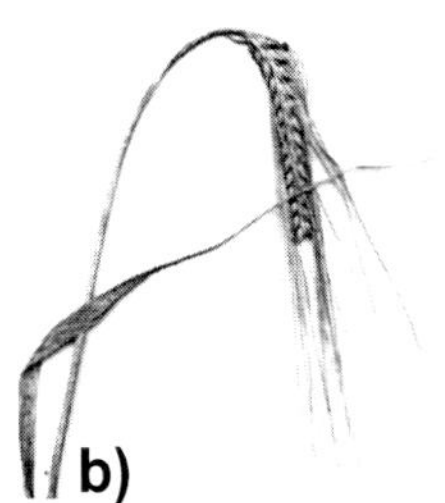

b) ____________________

c) ____________________

d) ____________________

Lernwerkstatt VOM GETREIDEKORN ZUM BROT – Bestell-Nr. 11 089
Von den Getreidearten bis zur Geschichte des Brotes
KOHL VERLAG

III. Wichtigste Getreidearten – Kurzübersicht

Mais

Der Mais stammt aus Mittelamerika. Er ist frostempfindlich und braucht ein mildes Klima, um gut zu gedeihen. Die Spanier brachten den Mais kurz nach 1500 nach Europa. Mit Mais kann man kein Brot backen. Mais wird zu Beilagen (Polenta), Süßspeisen, Maisflocken (Cornflakes) und Popcorn verarbeitet. Auch stellt man Maiskeimöl und Futtermittel aus Mais her. Bei uns wird der Mais überwiegend als Viehfutter angebaut.

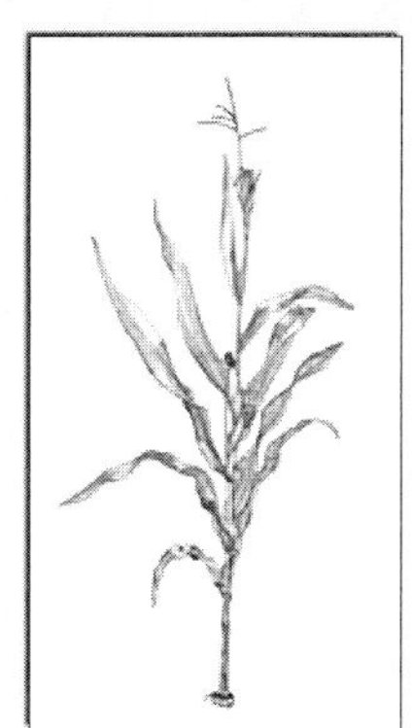

Reis

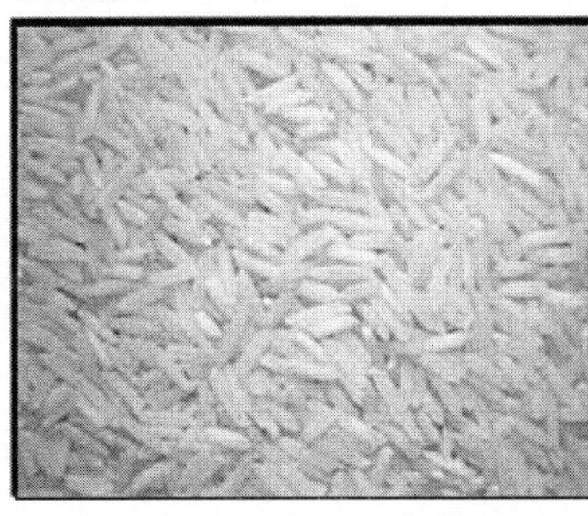

Reis ist die älteste und wichtigste Kulturpflanze der Erde. Kein anderes Getreide ist für die Ernährung der Menschen wichtiger. Annähernd 3 Milliarden Menschen ernähren sich hauptsächlich von Reis.

Asien ist das Hauptanbaugebiet für Reis. Mehr als 95 % des Ertrages wird dort erbracht. Weitere Anbaugebiete liegen in den USA und in Norditalien. Es gibt etwa 8.000 verschiedene Sorten Reis!

Hirse

Hirse ist fast überall auf der Welt verbreitet. Bis zur Einführung der Kartoffel war Hirse die Hauptnahrung der ärmeren Bevölkerung. In einigen Gebieten Afrikas und in Teilen Asiens stellt Hirse heute noch das Hauptnahrungsmittel dar.

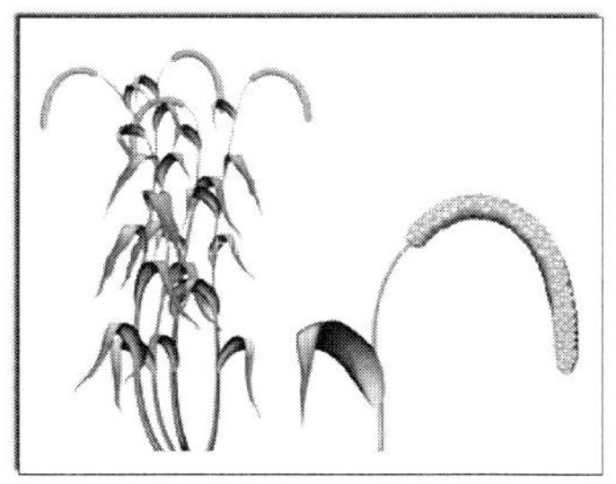

EA

Aufgabe 2: *Frage zuhause nach einem Rezept, in dem eine der oben genannten Getreidearten verwendet wird. Schreibe es in dein Heft/in deinen Ordner.*

EA

Aufgabe 3: *Begib dich im Sommer selbst auf Entdeckungsreise und suche auf den Feldern nach Getreide. Kannst du bestimmen, um welches Getreide es sich handelt?*

III. Wichtigste Getreidearten – Kurzübersicht

Aufgabe 3: *Fülle die Karten für die Getreidearten von Seite 12–15 aus. Male zu jedem Getreide ein Bild. Schneide die Blätter aus und hefte sie in dein Heft/in deinen Ordner.*

➲ **Weizen**

Arten: ______________________________

____

Anbaugebiete: ______________________________

____

____

Aussehen: ______________________________

____

Verwendung: ______________________________

____

____

➲ **Roggen**

Arten: ______________________________

____

Anbaugebiete: ______________________________

____

____

Aussehen: ______________________________

____

Verwendung: ______________________________

____

____

Lernwerkstatt VOM GETREIDEKORN ZUM BROT
Von den Getreidearten bis zur Geschichte des Brotes – Bestell-Nr. 11 089
KOHL VERLAG

III. Wichtigste Getreidearten – Kurzübersicht

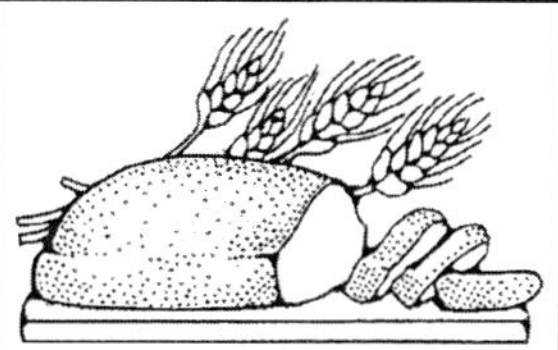

➲ **Gerste**

Arten: ______________________________

____

Anbaugebiete: ______________________________

____

____

Aussehen: ______________________________

____

Verwendung: ______________________________

____

____

➲ **Hafer**

Arten: ______________________________

____

Anbaugebiete: ______________________________

____

____

Aussehen: ______________________________

____

Verwendung: ______________________________

____

____

Lernwerkstatt VOM GETREIDEKORN ZUM BROT
Von den Getreidearten bis zur Geschichte des Brotes – Bestell-Nr. 11 089

III. Wichtigste Getreidearten – Kurzübersicht

➲ **Mais**

Arten: ____________________

____

Anbaugebiete: ____________________

____

____

Aussehen: ____________________

____

Verwendung: ____________________

____

____

➲ **Reis**

Arten: ____________________

____

Anbaugebiete: ____________________

____

____

Aussehen: ____________________

____

Verwendung: ____________________

____

____

III. Wichtigste Getreidearten – Kurzübersicht

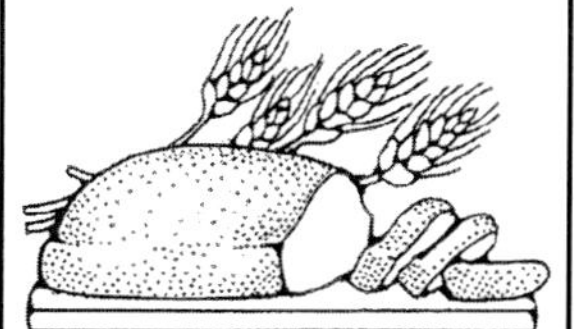

➲ **Hirse**

Arten: ______________________________

____

Anbaugebiete: ______________________________

____

____

Aussehen: ______________________________

____

Verwendung: ______________________________

____

____

Lernwerkstatt VOM GETREIDEKORN ZUM BROT
Von den Getreidearten bis zur Geschichte des Brotes - Bestell-Nr. 11 089
KOHL VERLAG

III. Wichtigste Getreidearten – Kurzübersicht

Rainer Sturm / pixelio.de

Ein Elfchen zum Getreide

Ein Elfchen besteht aus elf Wörtern, die in folgender Reihenfolge angeordnet sind:

1. Zeile:	1 Wort	– eine Eigenschaft (Adjektiv)
2. Zeile:	2 Wörter	– Wer/was hat diese Eigenschaft?
3. Zeile:	3 Wörter	– Was macht er/es? Wo ist er/es?
4. Zeile:	4 Wörter	– ein Ich-Satz
5. Zeile:	1 Wort	– Ein Wort, das zu dem ganzen Elfchen passt.

EA

Aufgabe 4: *Denke an Getreide. Suche Wörter, die du für ein Elfchen verwenden kannst.*

1. Zeile:	trocken	gelb	sonnig
2. Zeile:	Das Brot	Der Hafer	Das Getreide
3. Zeile:	wird langsam reif		
4. Zeile:	Ich sehe die Sonne		
5. Zeile:	Juli		

EA

Aufgabe 5: *Dichte nun mit deinen Wörtern eigene Elfchen. Beachte die Regeln oben. Schreibe in dein Heft/in deinen Ordner.*

Lernwerkstatt VOM GETREIDEKORN ZUM BROT
Von den Getreidearten bis zur Geschichte des Brotes – Bestell-Nr. 11 089

IV. Die sieben Getreidearten stellen sich vor

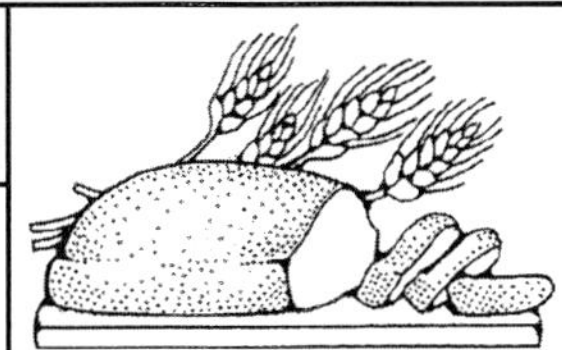

Der Weizen

Herkunft und Bedeutung:
Der Weizen ist eine der ältesten Kulturpflanzen. Wegen seines hohen Nährwertes war der Weizen bei den Persern, aber auch in Ägypten und im alten Rom sehr verbreitet.
Die Wildformen stammen aus Vorder- und Mittelasien. Aus den drei Arten Einkorn, Emmer und Dinkel wurden die heute bekannten Arten gezüchtet. Außerdem unterscheidet man zwischen Winterweizen, der im Herbst angebaut wird, und Sommerweizen, der im Frühjahr angebaut wird. Weizen ist die wichtigste Getreideart, das bedeutendste Brotgetreide.

Er ist auf der ganzen Welt verbreitet. Er gedeiht am besten im mittleren warmen Klima auf feuchten Böden. In Nordamerika und Europa liegen die größten Anbaugebiete. Pro Jahr werden weltweit rund 650 Millionen Tonnen geerntet. Würde man diese unvorstellbare Menge in die Waggons eines Güterzugs verladen, reichte dieser Zug fünfmal um den Äquator.

Die Pflanze:
Der Weizen blüht Ende Mai, Ende Juni erreicht er das Stadium der Milchreife. Das Innere des Korns hat dann eine milchartige Beschaffenheit. Mitte Juli ist das Getreide reif und kann geerntet werden. Das Korn ist kurz, rund und gelbrot gefärbt. Auf dem Rücken hat es eine Furche. Die wertvollen Mineralstoffe befinden sich in den Randschichten.

Verwendung:
Weizen hat einen hohen Eiweißgehalt und die wichtigen Vitamine B1 und B2. Weizen ist gut backfähig wegen seiner Gluten (lat. = „Leim"). Aus Hartweizen werden Nudeln und Grieß erzeugt. Die bei uns wichtigste Sorte ist Nackt- oder Saatweizen. Er liefert das Mehl für Weißbrot, Brötchen und Kuchen. In Süddeutschland und in den Mittelmeerländern wird auch viel Hartweizen angebaut.

EA

Aufgabe 1: a) *Aus welchen 3 Arten wurden die heutigen Weizensorten gezüchtet?*

b) *Wo ist der Weizen verbreitet?*

c) *Was braucht der Weizen, um gut zu wachsen?*

Lernwerkstatt: VOM GETREIDEKORN ZUM BROT
Von den Getreidearten bis zur Geschichte des Brotes – Bestell-Nr. 11 089

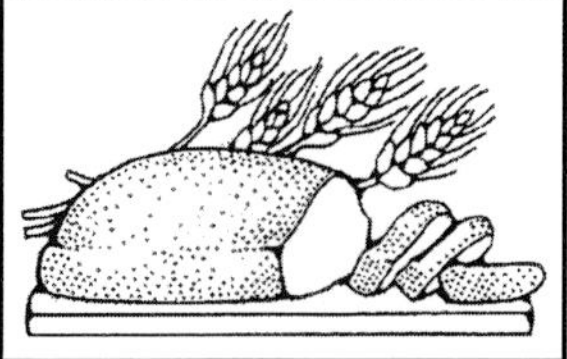

IV. Die sieben Getreidearten stellen sich vor

Der Roggen

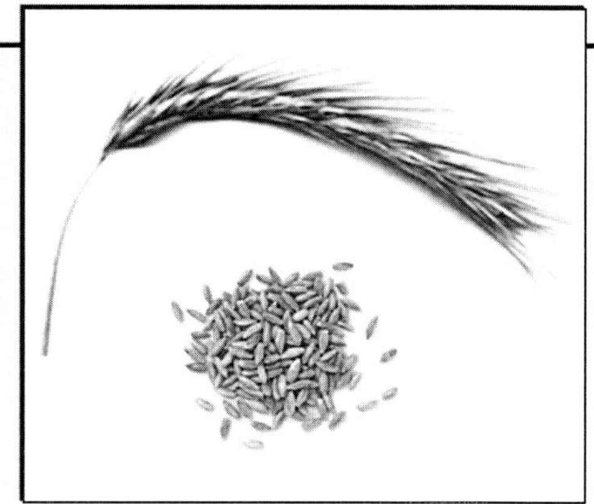

Herkunft und Bedeutung:
Der Roggen wird erst seit etwa 2500 Jahren genutzt. Er stammt aus Kleinasien von einer wilden Roggenart ab. Er kam dann als Unkraut mit dem Emmer (Weizensorte) nach Europa und wird hier seit der Bronzezeit von Germanen und Kelten angebaut. Heute pflanzt man ihn überwiegend in Deutschland, Russland und Polen. Der Anbau ist weltweit nicht bedeutend.

Die Pflanze:
Der Roggen hat eine blaugrün-graue Farbe, die Ähre hat immer Grannen. Das Korn hat keine Spelze (Hülse). Der Roggen wächst hoch, ist dennoch sehr standfest. Die Bestäubung erfolgt durch den Wind. Er stellt geringe Wärmeansprüche und ist sehr frosthart. Er gedeiht auch auf sandigen, steinigen und nährstoffarmen Böden und in kühlen Höhenlagen.

Verwendung:
Roggen enthält reichlich Vitamine des B-Komplexes und wertvolle Mineralstoffe. Er soll immer gekocht oder gebacken werden. Roggen ist ein Brotgetreide. Auch wird Roggen zur Sauerteigherstellung verwendet. Die Kleber, Eiweißproteine, die den Weizen so besonders backfähig machen, fehlen dem Roggen. Roggenbrot (zum Beispiel Schwarzbrot und Pumpernickel) ist daher dichter und dunkler als Weizenbrot.

Roggen wurde früher gelegentlich vom giftigen Mutterkornpilz befallen. Heute wird das Saatgut und das Mehl sorgfältig überwacht, aber im Mittelalter hat damit verseuchtes Roggenmehl viele Todesfälle verursacht. Hin und wieder findet man im Biogetreide mal einen Mutterkornpilz.

EA

Aufgabe 2: *Kreuze die richtigen Antworten an.*

a) Woher stammt der Roggen?

☐ Australien ☐ Kleinasien ☐ Nordpol ☐ Amerika

b) Wo wird er heute überwiegend angebaut?

☐ Deutschland ☐ Russland ☐ Afrika ☐ Polen

c) Aus Roggen backt man meistens:

☐ Weißbrot ☐ Schwarzbrot ☐ Pumpernickel ☐ Kuchen

d) Mutterkorn findet man im:

☐ Hafer ☐ Weidegras ☐ Rosenbeet ☐ Roggen

KOHL VERLAG Lernwerkstatt VOM GETREIDEKORN ZUM BROT Von den Getreidearten bis zur Geschichte des Brotes – Bestell-Nr. 11 089

IV. Die sieben Getreidearten stellen sich vor

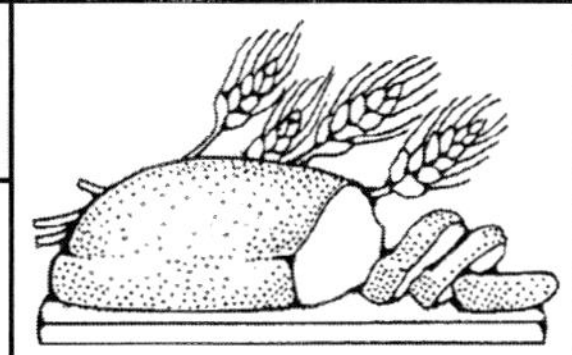

Der Hafer

Herkunft und Bedeutung:
Vor rund 5000 Jahren begann man in Osteuropa Hafer zu züchten. Der Hafer bevorzugt die kühleren Gebiete Mittel- und Nordeuropas. Daher wird er heute in den Staaten rund um die Ostsee, in Australien, Kanada und Amerika angebaut.
Er hat einen geringen Licht- und Wärmebedarf und braucht viel Wasser. Die Ansprüche an den Boden sind gering.

Die Pflanze:
Hafer bildet keine feste Ähre, sondern eine Rispe. Hierbei sind die einzelnen Ährchen an feinsten Trägern aufgehängt. Hafer ist ein Spelzgetreide (korn mit Hülsen) und muss für die menschliche Ernährung entspelzt werden.

Verwendung:
Hafer dient als Vieh- und Pferdefutter und auch der Ernährung des Menschen. Hafer ist reich an wertvollem Eiweiß. Die Kohlenhydrate des Hafers sind leicht verdaulich, daher ist der Hafer besonders für Säuglings- und Kindernahrung geeignet.
Aus gerösteten Körnern werden Haferflocken und Hafergrütze hergestellt. Hafer eignet sich hervorragend für Müsli, Breie und Aufläufe. Da Hafer nur wenig Klebereiweiß enthält, muss er beim Backen mit Weizen und Dinkel gemischt werden.

EA

Aufgabe 3: **a)** *Zeichne in die Karte ein: Wo in Europa wird Hafer angebaut?*

b) *Was unterscheidet den Hafer von Roggen, Weizen und Gerste vom Aussehen her?*

____

c) *Wozu wird Hafer verwendet?*

____

____

Lernwerkstatt VOM GETREIDEKORN ZUM BROT
Von den Getreidearten bis zur Geschichte des Brotes – Bestell-Nr. 11 089

IV. Die sieben Getreidearten stellen sich vor

Die Gerste

Herkunft und Bedeutung:
Die Gerste ist die vermutlich älteste Getreideart neben dem Weizen, die der Mensch anbaute. Sie stammt aus Asien. Schon die alten Ägypter, Griechen, Römer und Chinesen pflanzten sie an.
Die Gerste ist heute in der ganzen Welt verbreitet und klimatisch sehr anpassungsfähig.

Die Pflanze:
Die Gerste hat lange strahlige Grannen. Das Korn ist eiförmig und goldgelb. Es ist von den Spelzen fest umschlossen und muss daher geschält werden.
Die Gerste wächst am schnellsten von allen Getreidearten. Wintergerste bringt höhere Erträge, daher wird immer weniger Sommergerste angebaut.

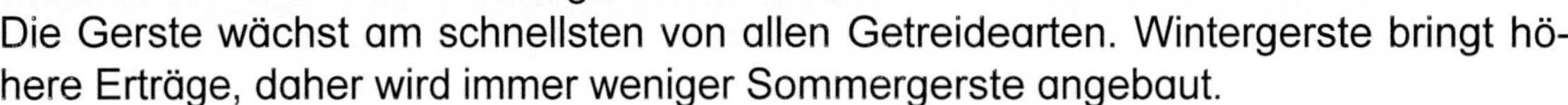

Verwendung:
Gerste bildet beim Kochen viel Schleim, der bei Magen- oder Darmentzündungen sehr gut wirkt. Als Graupen wird Gerste in Suppen gegessen. Etwa ein Zehntel der Weltproduktion geht in die Herstellung von Malz, das zum Bierbrauen (Braugerste) und zur Herstellung von Malzkaffee benötigt wird. Auch Whisky wird aus Gerste hergestellt.

EA

Aufgabe 4: a) *Welche Völker pflanzten schon sehr früh Gerste an?*

____

b) *Was bildet die Gerste beim Kochen?*

____

c) *Wozu ist das gut?*

____

d) *Was stellt man aus Gerste her?*

____

____

KOHL VERLAG
Lernwerkstatt VOM GETREIDEKORN ZUM BROT
Von den Getreidearten bis zur Geschichte des Brotes - Bestell-Nr. 11 089

IV. Die sieben Getreidearten stellen sich vor

Der Reis

Herkunft und Bedeutung:
Reis ist eine der wichtigsten Kulturpflanzen der Welt. Reis wird in Südasien seit über fünftausend Jahren angebaut und war schon im alten Rom als Nahrungsmittel bekannt.
Allein in China werden mehr als 4.000 verschiedene Sorten angebaut. Weltweit sind heute etwa 8.000 Sorten bekannt.

Die wichtigsten Anbaugebiete liegen in Asien. Es folgen Amerika und Norditalien.

Die Pflanze:
Die Pflanze kann mannshoch werden. An der 30 cm langen Rispe hängen kurz gestielte Ährchen, die jeweils ein Reiskorn enthalten. Es ist fest von den Spelzen umschlossen. Ein Samenkorn bringt tausend bis dreitausend Reiskörner hervor. Da Reis ein warmes, feuchtes Klima zum Wachsen braucht, werden 90 % der Weltproduktion in den Monsunregionen Asiens angebaut. In Saatbeeten aufgezogen wird jede einzelne Pflanze einige Wochen nach der Aussaat mit der Hand aufs Feld gesetzt. Flüsse und Bäche werden umgeleitet und Lehmdämme errichtet, um die Reisfelder zu überschwemmen. Die Bauern leben bis zur Ernte weitgehend von Fischen, die zwischen den Reispflanzen laichen und aufwachsen. Reis hat eine Wachstumszeit, die zwischen dreieinhalb und acht Monaten liegt.

Verwendung:
Reismehl ist nicht backfähig. Trotzdem ist Reis das wichtigste Grundnahrungsmittel der Welt. Reis passt als Beilage, für Suppen, Aufläufe und Eintöpfe.

EA

Aufgabe 5: **a)** *Wie lange wird in Südasien schon Reis angebaut?*

____

b) *Wie viele Reissorten sind in der Welt bekannt?*

____

c) *Wie lange dauert es von der Saat bis zur Ernte?*

____

d) *Wo wird Reis angebaut?*

____

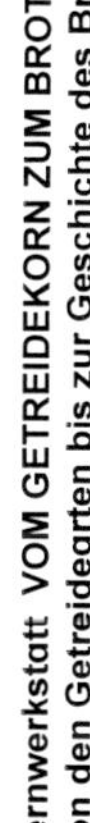
Lernwerkstatt VOM GETREIDEKORN ZUM BROT
Von den Getreidearten bis zur Geschichte des Brotes – Bestell-Nr. 11 089
KOHL VERLAG

IV. Die sieben Getreidearten stellen sich vor

Der Mais

Herkunft und Bedeutung:
Die Heimat des Mais liegt in Südamerika. Mit Christoph Kolumbus kam der Mais nach Europa und gelangte bereits 1570 bis nach China. In Europa galt er zunächst als Zierpflanze ähnlich wie die Tomate und die Kartoffel. Als Getreide wurde er erst im 17. Jahrhundert angebaut.

Heute nimmt Mais unter den weltweit angebauten Getreidearten den zweiten Platz ein. Der Maisanbau war eine wichtige Voraussetzung für die Einführung der Massentierhaltung. Für unsere Ernährung ist der Mais nicht so wichtig.

Die Pflanze:
Mais ist das einzige Getreide, bei dem männliche und weibliche Blüten in getrennten Blütenständen vorkommen. An der Spitze der Maispflanze bilden die männlichen Ähren einen lockeren Blütenstand. Die weiblichen Ähren erscheinen in den Blattachseln und sind durch Büschel von dünnen roten Fäden erkennbar. Nach der Bestäubung entwickeln sich hier die Maiskolben. Sie bleiben aber umhüllt von mehreren Schichten Hüllblättern. Durch die leicht geöffnete Spitze der Hülle wachsen viele Fäden heraus, Maisbart genannt.
Der Mais ist eine einjährige Pflanze und wird etwa 2 bis 3 Meter hoch. Am weitesten verbreitet ist der Maisanbau auch heute noch in den USA, wo im „corn belt“ (Mais-Gürtel) etwa die Hälfte der Welt-Maisernte erzeugt wird.

Verwendung:
Bedeutend ist bei einigen Sorten der hohe Fettanteil im Keimling, der zur Ölherstellung genutzt wird. Man begann, weniger kälteempfindliche Sorten zu züchten und stellte fest, dass sie sich sehr gut als Futterpflanzen eigneten. Es gibt eine Reihe von Sorten: etwa Puffmais (daraus lässt sich Popcorn herstellen), Zuckermais (als Gemüse), Stärkemais (zur Stärkegewinnung). Bei uns wird fast nur Futtermais angebaut.

EA

Aufgabe 6: *Richtig oder falsch? Kreuze an.*

		richtig	*falsch*
1.	Mais kommt aus Afrika.		
2.	Maiskolben wachsen aus den weiblichen Blüten.		
3.	Die Maispflanze wird 5 – 6 Meter hoch.		
4.	Heute wird in den USA der meiste Mais angebaut.		
5.	Es gibt Zuckermais und Futtermais.		
6.	In Deutschland wird fast nur Zuckermais angebaut.		

Lernwerkstatt VOM GETREIDEKORN ZUM BROT
Von den Getreidearten bis zur Geschichte des Brotes – Bestell-Nr. 11 089
KOHL VERLAG

IV. Die sieben Getreidearten stellen sich vor

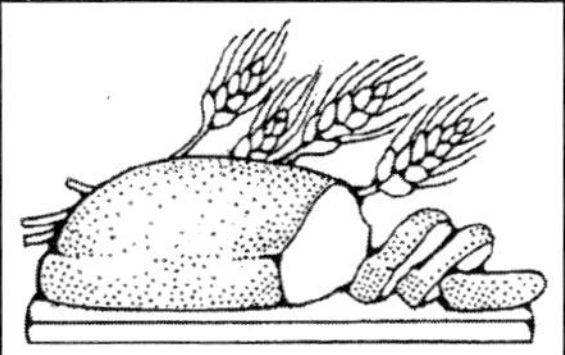

Die Hirse

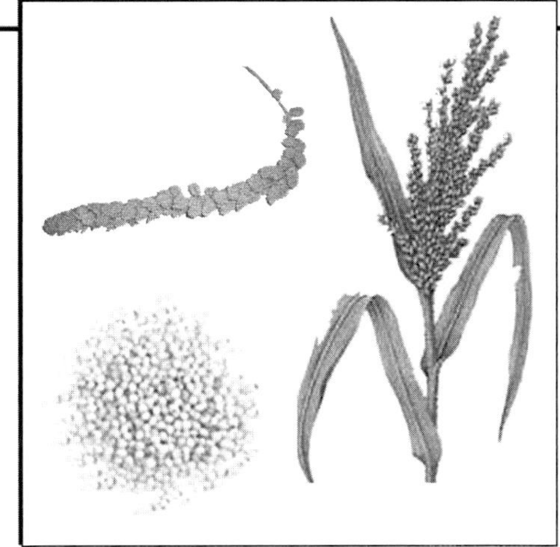

Herkunft und Bedeutung:
Hirse ist eine der ältesten Getreidesorten und fast überall auf der Welt verbreitet. In der Bronzezeit (2. Jahrtausend vor Chr.) wurde Rispenhirse zu einer der wichtigsten Getreidearten in Norditalien, auf dem Balkan und später im nahen Osten. Bis zur Einführung der Kartoffel war Hirse die Hauptnahrung der ärmeren Bevölkerung. In einigen Gebieten Afrikas und in Teilen Asiens stellt Hirse heute noch das Hauptnahrungsmittel dar.

Die Pflanze:
Hirse ist ein Rispengetreide und wird knapp einen Meter hoch. An der Spitze der Pflanze befindet sich eine bis zu 20 Zentimeter lange, weit verzweigte Rispe mit vielen kleinen Körnern. Hirse braucht wenig Wasser. Dafür ist sie ist sehr frostempfindlich und verlangt viel Wärme für Wachstum und Reife.
Wir unterscheiden: **Sorghumhirsen** (Mohrenhirse) mit größeren Körnern und damit auch höheren Ernteerträgen und **Millethirsen** (auch Echte Hirsen oder Kleine Hirsen genannt). Zu diesen gehören die meisten Arten wie die Rispenhirse, Kolbenhirse oder Perlhirse.

Verwendung:
Die Hirsekörner sind kleine runde Früchte ohne Längsfurche. Rispenhirse wird vorwiegend für den menschlichen Verzehr verwendet, Kolbenhirse findet hauptsächlich als Vogelfutter Verwendung.

EA

Aufgabe 7: a) *In welchen Teilen der Welt ist Hirse heute noch das Hauptnahrungsmittel?*

____

b) *Was braucht die Hirse zum Wachsen?*

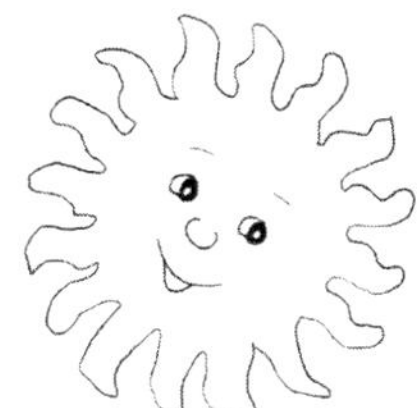

____

c) *Welches andere Getreide wächst in einer Rispenform?*

____

d) *Welche Hirseart findet überwiegend als Vogelfutter Verwendung, welche Arten dienen unserer Ernährung?*

____

KOHL VERLAG Lernwerkstatt VOM GETREIDEKORN ZUM BROT Von den Getreidearten bis zur Geschichte des Brotes – Bestell-Nr. 11 039

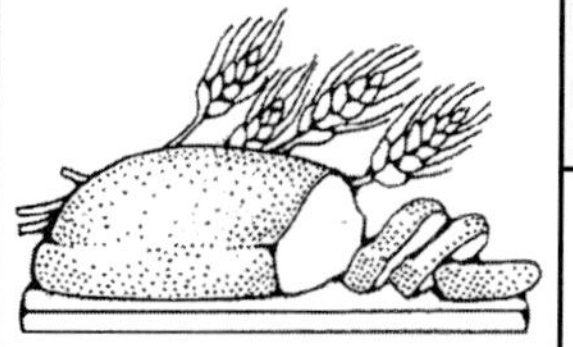

IV. Die sieben Getreidearten stellen sich vor

EA

Aufgabe 8: *Finde die Getreidearten im Wortsuchspiel.*

E	T	R	G	A	N	O	S	K	H	L	B	E	R	F
J	H	E	U	G	H	E	M	O	I	D	Z	L	K	E
W	E	I	Z	E	N	X	A	G	R	E	H	R	W	S
V	U	S	E	R	A	M	I	P	S	S	A	D	A	I
A	G	E	L	S	E	L	S	K	E	G	F	E	I	H
K	E	I	F	T	B	F	E	A	V	U	E	K	Y	Q
R	O	G	G	E	N	U	I	P	K	N	R	I	J	E
R	U	J	A	D	H	S	Z	I	W	N	P	T	A	M

EA

Aufgabe 9: *Hansi, der kleine Hamster, braucht noch Vorräte für den Winter.*
Male seine Wege zu den Getreidefeldern bunt an.
Schreibe die Namen der Getreidesorten in die Felder.

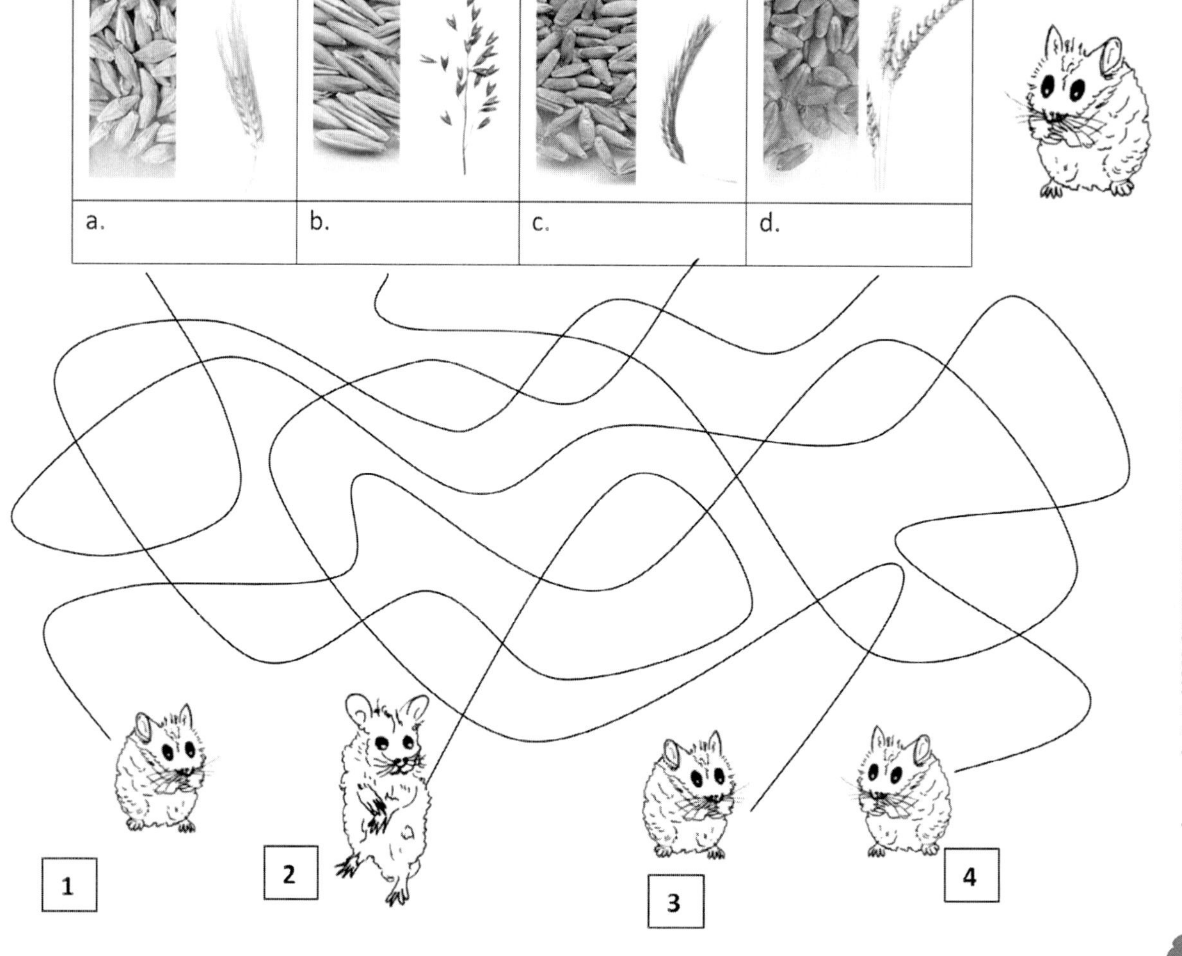

Lernwerkstatt VOM GETREIDEKORN ZUM BROT
Von den Getreidearten bis zur Geschichte des Brotes – Bestell-Nr. 11 089
KOHL VERLAG

IV. Die sieben Getreidearten stellen sich vor

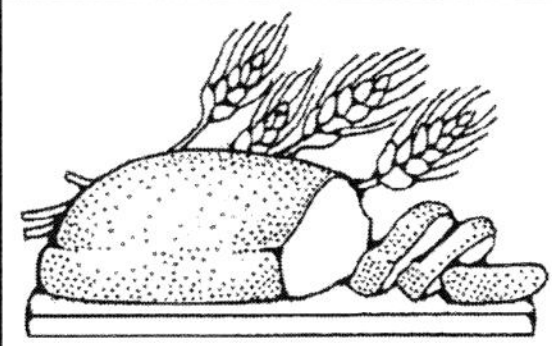

Aufgabe 10: *Bilde neue Wörter mit den Buchstaben der folgenden Begriffe:*

1. Sommergetreide: (z. B. Sorte, Seide, Reis, ...)

   ____

2. Weizenhalm:

   ____

3. Reiswaffel:

   ____

4. Nudelauflauf:

   ____

5. Dinkelbrötchen:

   ____

Aufgabe 11: Ein Akrostichon zum Getreide schreiben.
Der Begriff „Akrostichon" stammt aus der griechischen Sprache. Es ist ein antikes Schreibspiel bzw. Gedicht, bei dem die Buchstaben eines Wortes senkrecht untereinander geschrieben werden. Jeder dieser Buchstaben bildet dann den Anfang eines neuen Wortes oder Satzes. Das gegebene Wort ist das Thema des Gedichtes.

Hier siehst du ein Beispiel:

G	raupen
E	iweiß
R	eife
S	amen
T	eig
E	rde

Schreibe Akrostichons zu Weizen und Hafer.

W	
E	
I	
Z	
E	
N	

H	
A	
F	
E	
R	

Tipp: *Du kannst dein Akrostichon auch auf ein großes Blatt schreiben. Die ersten Buchstaben werden besonders schön und farbig gestaltet.*

Lernwerkstatt VOM GETREIDEKORN ZUM BROT
Von den Getreidearten bis zur Geschichte des Brotes – Bestell-Nr. 11 089

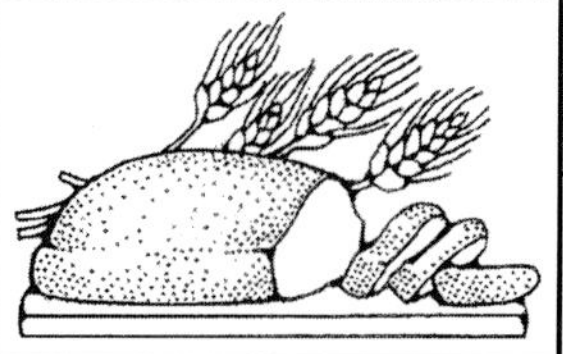

V. Getreide in unserer Nahrung

EA

Aufgabe 1: *Notiere, worin die verschiedenen Getreidesorten enthalten sind.*

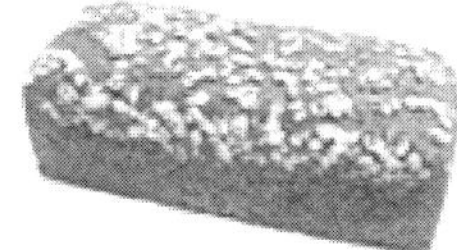

Weizen	
Dinkel	
Roggen	
Gerste	
Hafer	
Reis	
Mais	
Hirse	

EA

Aufgabe 2: *Weißt du, aus welchem Getreide die folgenden Lebensmittel hergestellt werden? Verbinde passend.*

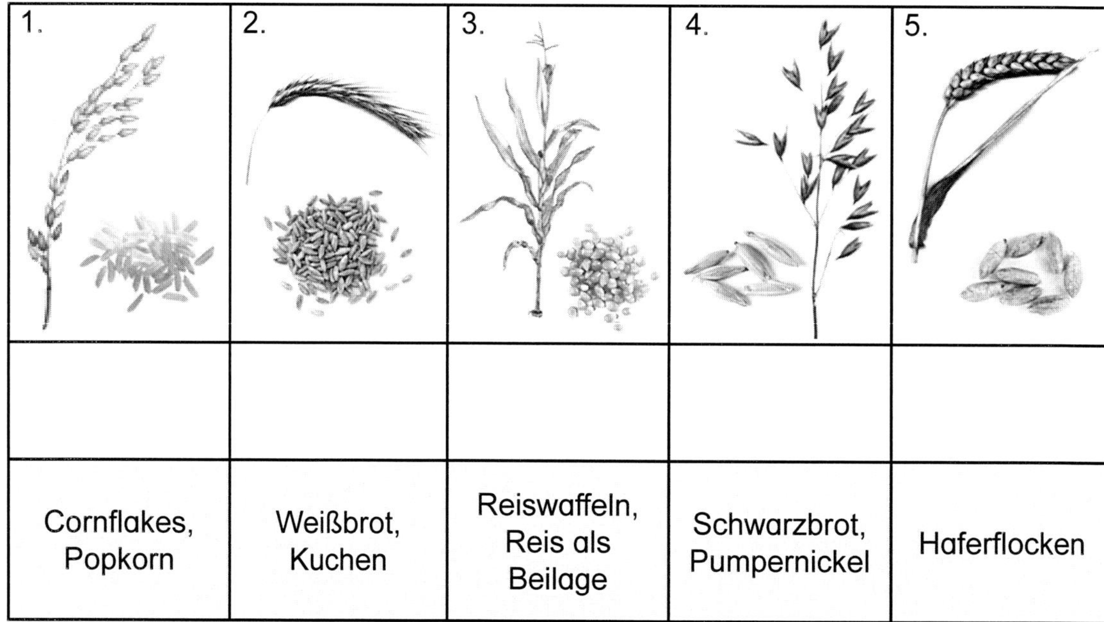

1.	2.	3.	4.	5.
Cornflakes, Popkorn	Weißbrot, Kuchen	Reiswaffeln, Reis als Beilage	Schwarzbrot, Pumpernickel	Haferflocken

Lernwerkstatt VOM GETREIDEKORN ZUM BROT
Von den Getreidearten bis zur Geschichte des Brotes – Bestell-Nr. 11 089

V. Getreide in unserer Nahrung

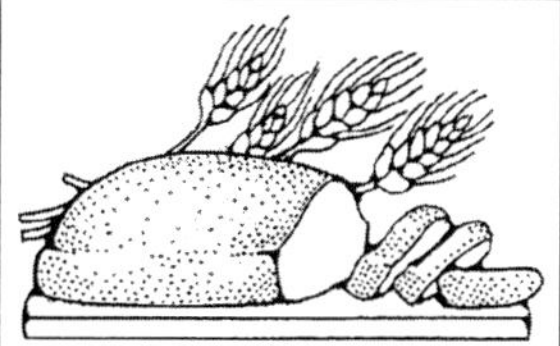

Was unser Körper braucht

Unser Körper braucht Kohlenhydrate (Stärke), Eiweiß (Proteine), Fett, Mineralstoffe und Vitamine. Alles dies ist in einem Getreidekorn vorhanden *(siehe Seite 30)*.

EA

Aufgabe 3: *Setze folgende Wörter in den Lückentext ein:*

Keimling – Schale – Mehlkörper – Schale – Keimling
– Mehlkörper – Keimling – Schale – Keimling

Kohlenhydrate liefern uns Kraft, Energie und Ausdauer. Wir finden sie im ______________ . Auch Fett gibt uns Energie. Fett ist im ________________ enthalten. Aus Eiweiß bildet unser Körper Muskeln, Haare, Fingernägel usw.. Eiweiß ist im _________________ , im ________________ und der ________________ enthalten. Vitamine haben viele Aufgaben in unserem Körper, sie helfen z. B., Abwehrkräfte zu bilden und uns besser zu konzentrieren. Vitamine finden wir im __________________ und in der ________________ . Mineralstoffe wie Calcium braucht unser Körper für Knochen und Zähne. Sie sind in der ______________ und im __________________ enthalten. In der Schale sind auch viele Ballaststoffe enthalten. Sie helfen dem Darm und unserer Verdauung.

EA

Aufgabe 4: *Dieses Dreieck nennt man „Nahrungspyramide". Sie zeigt, wie viel wir von den einzelnen Nahrungsmitteln essen sollen.*

4

3

2

1

a) *Welche Nahrungsmittel gehören zu den verschiedenen Gruppen?*

b) *Von welchen Nahrungsmitteln solltest du am meisten essen?*

c) *Welche Nahrungsmittel braucht unser Körper am wenigsten?*

Lernwerkstatt: VOM GETREIDEKORN ZUM BROT
Von den Getreidearten bis zur Geschichte des Brotes – Bestell-Nr. 11 089
KOHL VERLAG

VI. Die Getreidepflanze

Halm und Blütenstand

Der Halm

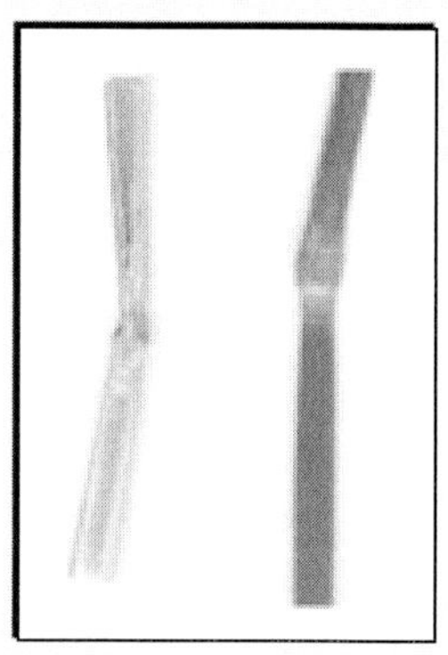

Der Halm eines Getreides ist hohl. Knoten unterteilen den langen Stängel in mehrere Teilstücke. Durch starken Wind und Regen kann es passieren, dass das Getreide umfällt. Doch dank der Knoten ist das unreife Getreide nicht geknickt. An den Knoten richtet sich das Getreide wieder auf.

Der Blütenstand

Beim Getreide kommen Ähren, Rispen und Kolben als Blütenstände vor. Bei Gerste, Hafer, Reis und Hirse sind die Körner mit festen Hüllen, den Spelzen, umgeben.

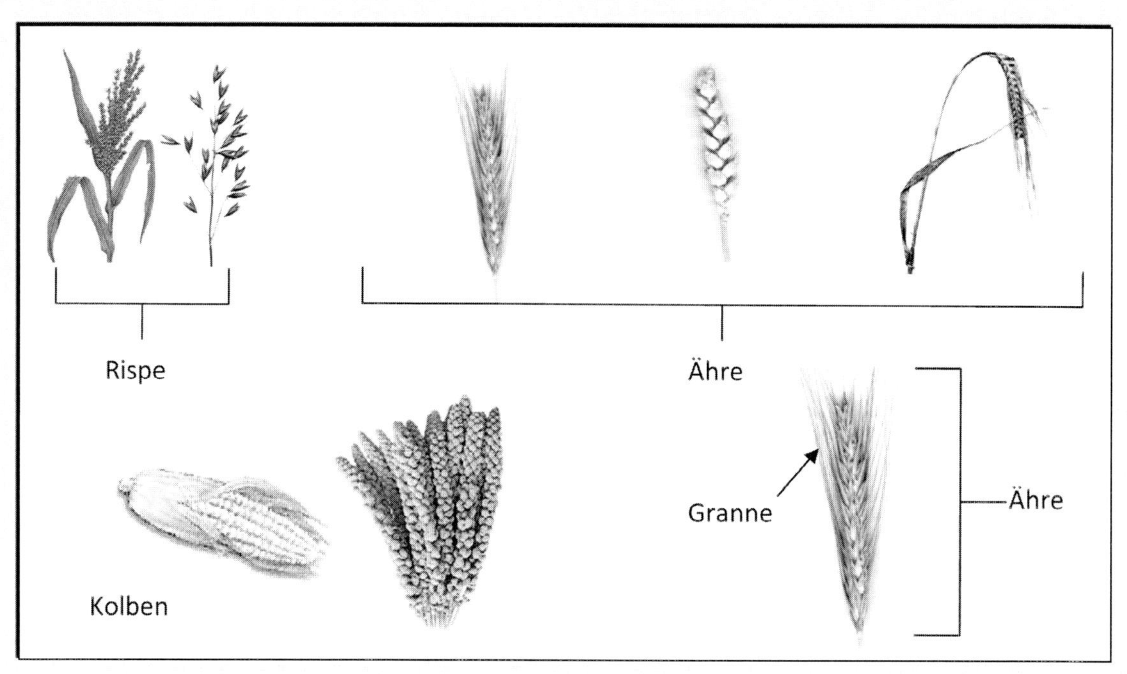

EA

Aufgabe 1: *Verbinde die Getreidearten mit den richtigen Blütenständen.*

Mais	❍	❍	Ähre
Gerste	❍	❍	Kolben
Hafer	❍	❍	Ähre
Roggen	❍	❍	Rispe
Weizen	❍	❍	Ähre
Reis	❍	❍	Rispe

Lernwerkstatt VOM GETREIDEKORN ZUM BROT
Von den Getreidearten bis zur Geschichte des Brotes – Bestell-Nr. 11 089

VI. Die Getreidepflanze

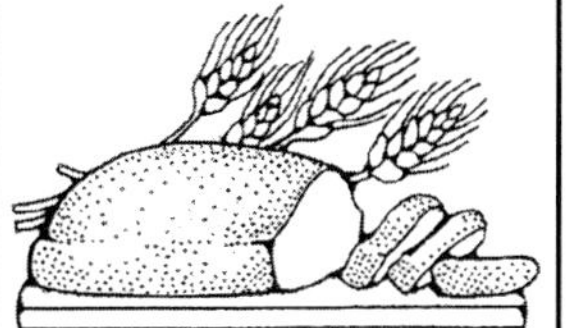

EA

Aufgabe 2: *Beschrifte die Teile des Getreidehalmes richtig.*

Wurzel – Blätter – Ähre – Stängel – Körner – Grannen – Stängelknoten

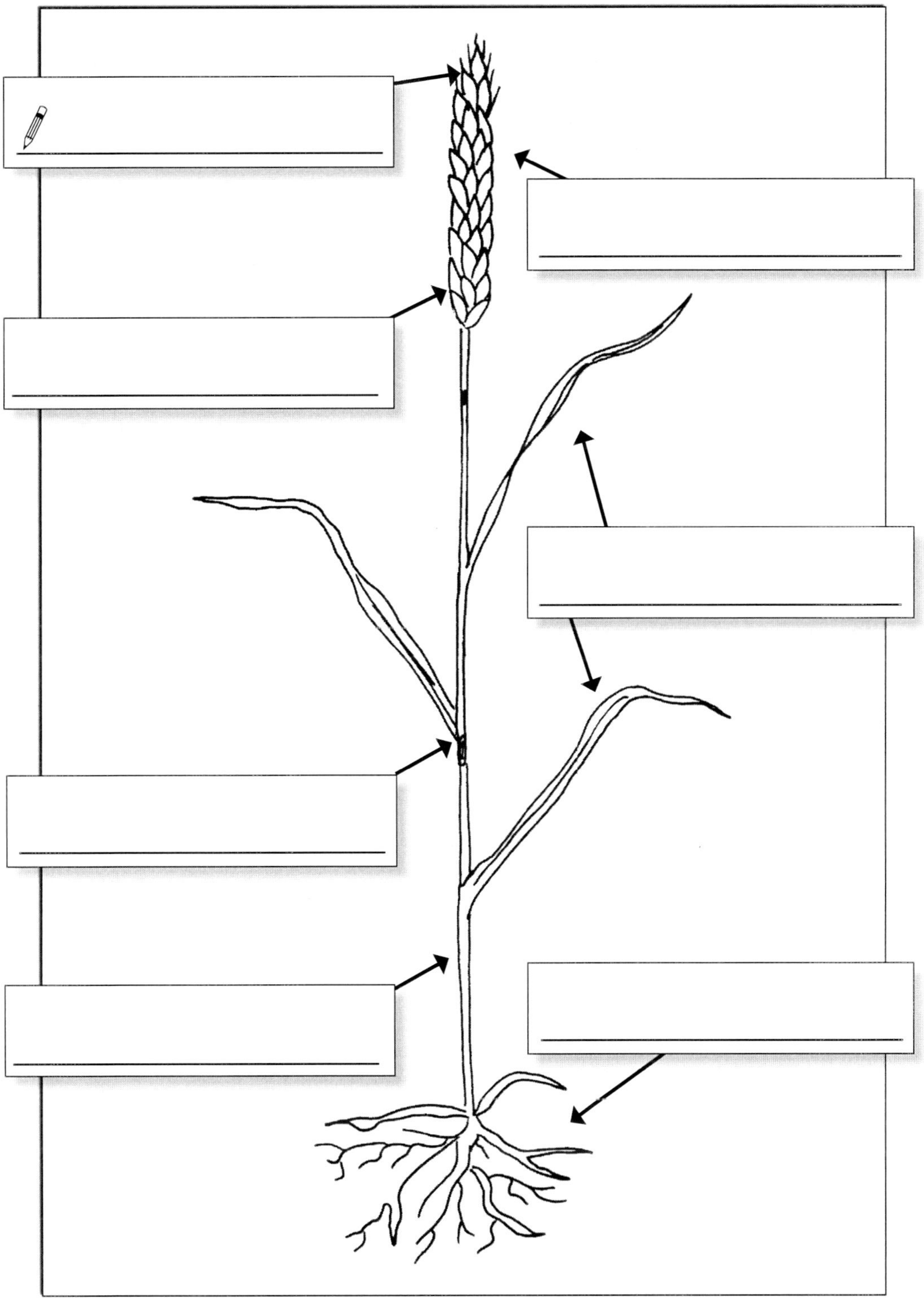

Lernwerkstatt VOM GETREIDEKORN ZUM BROT
Von den Getreidearten bis zur Geschichte des Brotes – Bestell-Nr. 11 C89
KOHL VERLAG

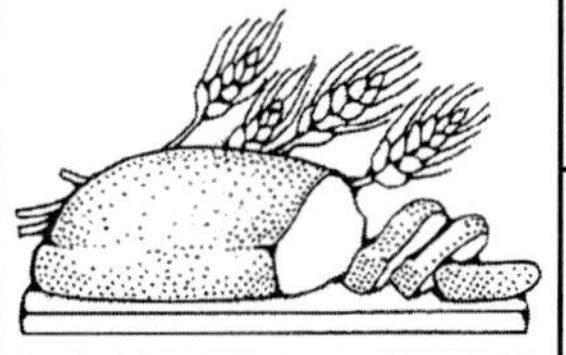

VI. Die Getreidepflanze

Das Getreidekorn: Aufbau und Inhaltsstoffe

1 Die **Getreideschale** unterteilt sich in Frucht- und Samenschale. Sie umhüllt und schützt den Keim. Beim Mahlen wird die Schale vom Mehlkörper getrennt; sie kommt als Kleie in den Handel. Die Schale besteht zur Hälfte aus Ballaststoffen.

2 Der **Mehlkörper** besteht zum größten Teil aus Stärke und einem Eiweißstoff (Gluten oder Kleber genannt), das zwischen den einzelnen Stärkekörnchen lose verteilt ist. Der Kleber hat die Aufgabe, bei der Teigherstellung Mehl und Wasser zu binden.

3 Aus dem **Keimling** entwickelt sich die junge Getreidepflanze. Der Keimling wird bei der Reinigung des Getreides in der Müllerei meist ausgeschieden, da er viel Fett enthält und deshalb ranzig werden könnte.

Das Getreidekorn: Aufbau und Inhaltsstoffe

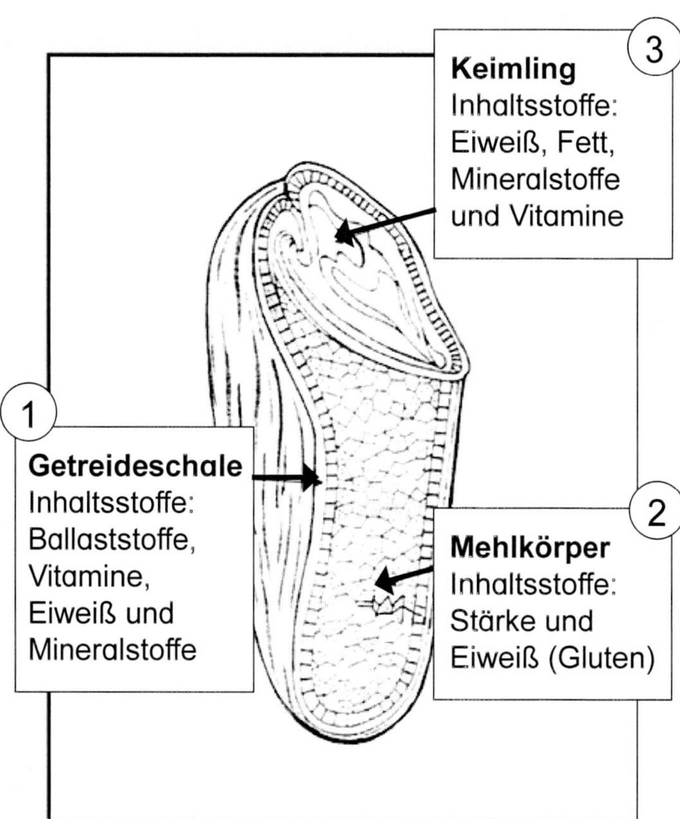

EA

Aufgabe 3: *Sieh dir das Bild oben genau an. Lies den Text dazu. Fülle dann die Tabelle richtig aus.*

	Bestandteile des Getreidekorns	Inhaltsstoffe des Getreidekorns
1		
2		
3		

Lernwerkstatt VOM GETREIDEKORN ZUM BROT
Von den Getreidearten bis zur Geschichte des Brotes – Bestell-Nr. 11 089

VI. Die Getreidepflanze

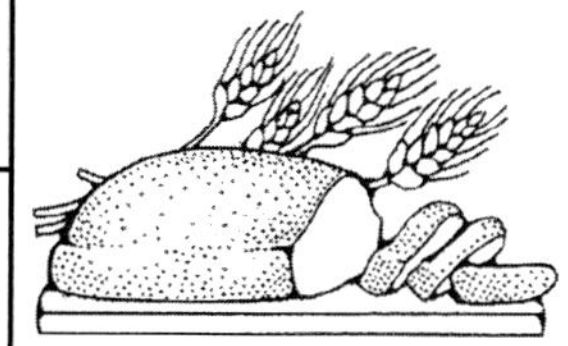

Betrachtung der Getreidehalme

Material: Verschiedene Getreidehalme werden in der Klasse verteilt.

Beobachtungsbogen: ____ Name des Getreides: ______________________________

EA

Aufgabe 4: **a)** *Beschreibe den Getreidehalm.*

____

____

____

____

____

b) *Zeichne den Getreidehalm.* →

c) *Beschreibe Ähre bzw. Rispe oder Kolben.*

____

____

____

____

____

____

____

____

KOHL VERLAG Lernwerkstatt VOM GETREIDEKORN ZUM BROT Von den Getreidearten bis zur Geschichte des Brotes – Bestell-Nr. 11 089

VI. Die Getreidepflanze

Beobachtungsbogen: ____ Name des Getreides: ________________________________

d) *Zeichne Ähre bzw. Rispe oder Kolben.* →

e) *Nenne mindestens 3 Produkte, die aus diesem Getreide hergestellt werden.*

____

____

____

____

*f) Betrachte die Getreidekörner mit einer Lupe. Beschreibe, was du siehst.**

____

____

____

g) *Male die Körner auf.*

h) *Vergleiche deine Körner mit denen deiner Mitschüler. Welche Unterschiede gibt es?*

____

____

____

____

____

* *Mit einem scharfen Messer kannst du die Getreidekörner durchschneiden. Mit der Lupe lässt sich der Mehlkörper sehr gut erkennen.*

KOHL VERLAG
Lernwerkstatt VOM GETREIDEKORN ZUM BROT
Von den Getreidearten bis zur Geschichte des Brotes – Bestell-Nr. 11 089

VI. Die Getreidepflanze

Was man noch wissen sollte: Gluten und Mutterkorn

Gluten – Klebereiweiß
Besonders im Weizen befindet sich Gluten, das so genannte Klebereiweiß. Gluten ist für die Backeigenschaften des Mehls wichtig. Dagegen gibt es Getreidearten, aus denen kein Brot gebacken werden kann, weil der Teig ohne Kleber nicht hält und nicht aufgeht. Das ist etwa bei Gerste, Hirse oder Hafer der Fall. Aus Hirse und Hafer lassen sich dagegen vorzügliche Breispeisen anrühren.
Manche Menschen vertragen kein Gluten. Sie bekommen Bauchschmerzen oder Durchfall davon. Für sie gibt es glutenfreie Lebensmittel.

GLUTENFREI

EA

Aufgabe 5: **a)** *Erkläre, wofür Gluten wichtig ist.*

____

____

b) *Welche Getreidearten enthalten keine Gluten?*

____

____

Jan Freese / pixelio.de

Was ist Mutterkorn?
Auf einer Reihe von Gräsern, besonders auf Roggen lassen sich hin und wieder schwarze, verwachsene Körner entdecken, das so genannte Mutterkorn. Doch Mutterkorn ist keineswegs ein Korn, sondern ein giftiger Pilz. Der Verzehr von Mutterkorn ist gefährlich.

EA

Aufgabe 6: *Kreuze die richtigen Antworten an.*

Was ist das Mutterkorn?		ein Pilz		ein Käfer		eine Muschel
Wie sieht das Mutterkorn aus?		gelb		rot		schwarz
Das Essen von Mutterkorn ist ...		wichtig		gefährlich		lecker

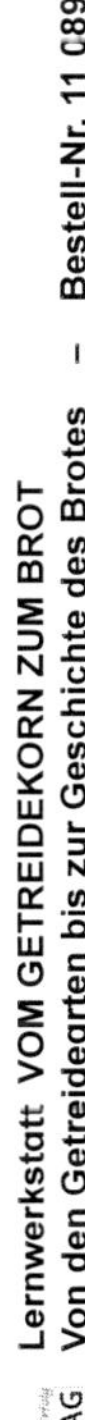

Getreide im Jahreslauf

EA

Aufgabe 7: *Schneide die Kärtchen unten aus. Füge sie passend zu den Bildern ein.*

Im Juni ist das Wachstum beendet. Die Felder werden gelb.	Die Ähre kann bis zu 60 Körner enthalten.	Oktober bis November wird das Getreide gesät.	Von März bis Juni wächst die Pflanze und bildet die Ähre.
Im Frühjahr wächst das Getreide weiter.	Bei einer Pflanzenhöhe von 5 cm beginnt die Überwinterung.	Nach 2 – 3 Wochen durchbricht der Keim die Erde.	Die Pflanzen sterben ab. Die Körner in den Ähren trocknen.
Mit Hilfe von Wasser und Wärme keimt das Getreidekorn.	Juli oder August erntet der Mähdrescher das Getreide.	Das Stoppelfeld wird umgepflügt.	Roggen und Weizen können Frost bis zu – 20 °C aushalten.

Lernwerkstatt VOM GETREIDEKORN ZUM BROT
Von den Getreidearten bis zur Geschichte des Brotes - Bestell-Nr. 11 089

VI. Die Getreidepflanze

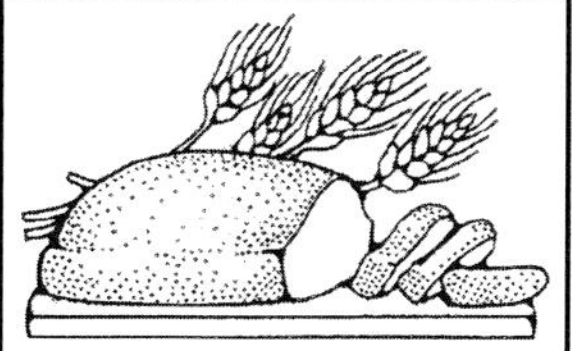

So baute man früher Getreide an

EA

Aufgabe 8: *Lies den Text. Schneide die Bilder unten aus und klebe sie in der richtigen Reihenfolge in die Kästchen.*

1. Früher war der Getreideanbau viel anstrengender. Der Bauer musste mit dem Pflug den Boden auflockern. Vor den Pflug wurden Pferde oder Ochsen gespannt. Der Bauer musste die Pflugschar fest in den Boden drücken.
2. In den gepflügten Acker wurde gesät. Dazu verwendete man einen Teil Körner der letzten Ernte.
3. Wenn das Getreide reif war, wurde es von den Bauern und Knechten mit einer Sense geschnitten.
4. Dann wurden die Ähren zu Garben zusammengebunden und zum Trocknen auf dem Feld aufgestellt.
5. Zur Zeit der Ernte musste die ganze Familie auf dem Feld mitarbeiten.
6. Mit dem Pferdewagen wurde das Getreide zum Bauernhof gebracht.
7. Mit einem Dreschflegel wurden die Körner aus den Ähren gedroschen. Danach wurden sie von der Spreu (der Abfall des Getreides beim Dreschen) getrennt. Die Körner wurden in Säcke gefüllt und das Korn zum Mahlen zur Mühle transportiert. Das Stroh (Stängel und Blätter) wurde an die Tiere auf dem Hof verfüttert.

(1)

(2)

(3)

(4)

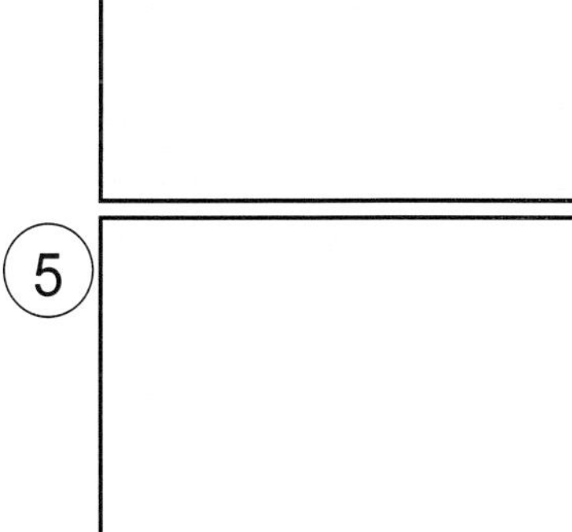

(5)

(6)

(7)

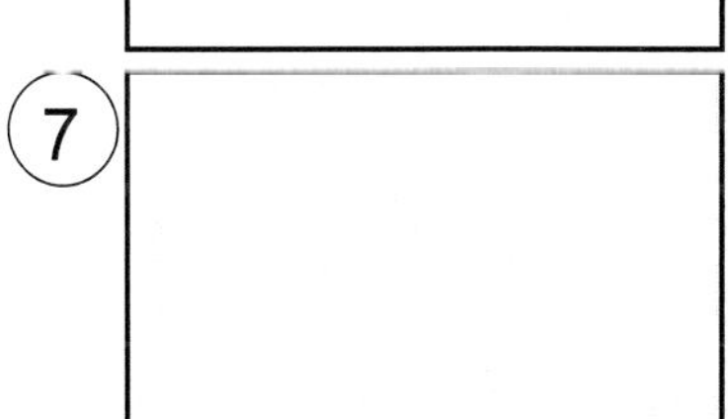

KOHL VERLAG
Lernwerkstatt VOM GETREIDEKORN ZUM BROT
Von den Getreidearten bis zur Geschichte des Brotes – Bestell-Nr. 11 089

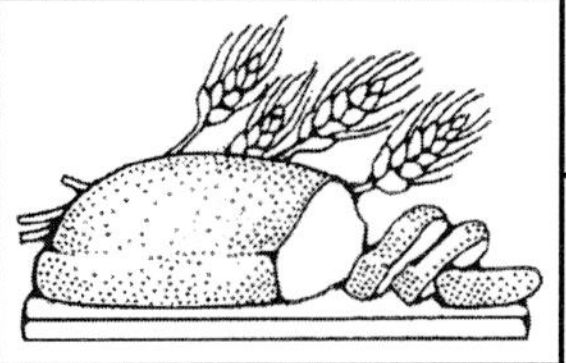

VI. Die Getreidepflanze

Weizenanbau heute - die Arbeit der Bauern

EA

Aufgabe 9: *Lies den Text. Schneide die Bilder unten aus. Klebe sie in das passende Kästchen im Text.*

Es ist Oktober geworden. Auf dem Feld wuchs Raps. Nach der Ernte sind einige Körner übrig geblieben. Daraus sind schon wieder neue Pflänzchen gewachsen. Doch nun soll dort Winterweizen gesät werden. Deshalb wird das Feld mit dem **Pflug** umgepflügt. So wird der Boden gelockert.

Nun ist November. Der Bauer hat hinter seinen Traktor eine **Kreiselegge** und eine **Drillmaschine** gehängt. Die Egge lockert die oberste Bodenschicht und zerkrümelt sie fein. Mit der Drillmaschine werden die Samenkörner in den Boden gelegt und gleich wieder mit Erde bedeckt.

Es ist Frühling geworden. Die Weizenpflanzen brauchen nun Wasser und Wärme. Dazu brauchen sie auch Nährstoffe.
Es wird also mit dem **Miststreuer** gedüngt. Der Bauer nimmt Naturdünger wie Mist, Gülle, Jauche oder Kunstdünger.

Auf den Feldern wachsen auch Pflanzen, die der Bauer nicht haben will: Unkräuter oder Wildkräuter. Auch Pilze oder kleine Tierchen können dem Getreide schaden. Dann spritzt der Bauer mit dem **Spritzgerät** Pflanzenschutzmittel. Die Mittel sind giftig, der Bauer muss vorsichtig damit umgehen.

Im Juli oder August ist das Getreide reif. Es wird geerntet.
Die Bauern benutzen dafür **Mähdrescher**. Die Maschine schneidet die Halme ab und drischt sofort die Körner aus den Ähren.

Das Stroh bleibt erst mal auf dem Feld liegen. Dort wird es manchmal gehäckselt. Dann ist es Dünger für die nächste Frucht.
Oft wird es mit der **Ballenpresse** in Ballen verarbeitet. Dann braucht man es als Einstreu für Viehställe.

Lernwerkstatt VOM GETREIDEKORN ZUM BROT
Von den Getreidearten bis zur Geschichte des Brotes – Bestell-Nr. 11 089

VI. Die Getreidepflanze

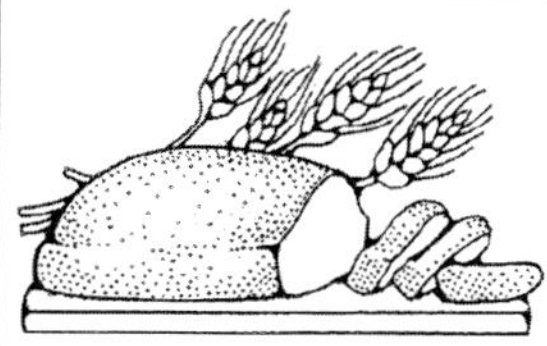

Fragebogen zum Getreideanbau heute

Aufgabe 10: *Beantworte die folgenden Fragen.*

a) *Welche Maschinen braucht der Bauer bei der Getreideaussaat?*

____

____

b) *Was brauchen die Weizenpflanzen zum Wachsen?*

____

c) *Was ist Naturdünger?*

____

d) *Warum werden Pflanzenschutzmittel eingesetzt?*

____

____

e) *Wann wird das Getreide geerntet?*

____

f) *Welche Maschine benutzt der Bauer zum Ernten?*

____

g) *Was macht man mit dem Stroh?*

____

____

Vergleich Getreideanbau früher und heute

EA

Aufgabe 11: a) *Welche Geräte oder Maschinen benutzte der Bauer früher? Welche Arbeiten musste er verrichten? Wie viele Arbeiter brauchte er? Erzähle mit deinen Worten.*

b) *Welche Maschinen braucht der Bauer heute zum Getreideanbau? Was muss er tun? Wie viele Arbeiter braucht er? Notiere.*

c) *Beschreibe, was sich verändert hat. Ist es heute besser oder schlechter als früher?*

KOHL VERLAG Lernwerkstatt VOM GETREIDEKORN ZUM BROT Von den Getreidearten bis zur Geschichte des Brotes – Bestell-Nr. 11 089

VI. Die Getreidepflanze

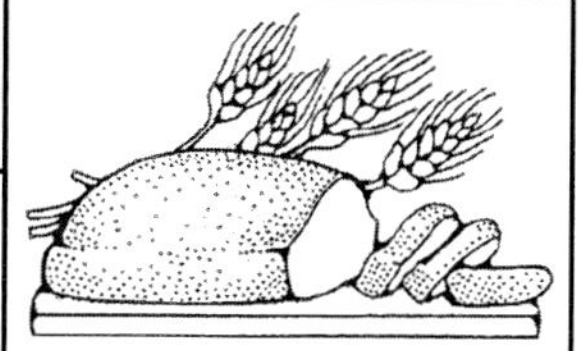

Tiere und Pflanzen im Getreidefeld

EA

Aufgabe 12: ***Wegwarte – Mohn – Kamille – Schafgarbe – Kornblume***

Diese Wildkräuter findest du oft im Getreidefeld.
Schreibe den richtigen Namen unter den Abbildungen.

EA

Aufgabe 13: *Hier siehst du Tiere, die gerne im Getreidefeld leben. Notiere zu jedem Tier etwas. Schau dazu auch in ein Tierlexikon oder ins Internet.*

Wildkaninchen:

Feldmaus:

Feldhamster:

Rebhuhn:

Barbara Thomas, Hanseat / pixelio.de

KOHL VERLAG Lernen mit Erfolg
Lernwerkstatt VOM GETREIDEKORN ZUM BROT – Bestell-Nr. 11 089
Von den Getreidearten bis zur Geschichte des Brotes

VI. Die Getreidepflanze

Tiere und Pflanzen im Getreidefeld

Der Kornkäfer ist in Europa der häufigste Getreideschädling. Er ist 3–5 mm lang und braun.
Fliegen kann er nicht.
Kornkäfer befallen alle Getreidearten, mögen aber auch Mandeln und Erdnüsse, Erbsen, Bohnen und Soja.
Das Weibchen legt bis zu 200 Eier an die Getreidekörner. In den Körnern entwickeln sich die Käfer. Das dauert 2 bis 4 Monate. Der Käfer und seine Larven fressen die Körner von innen völlig auf. Nur die leere Hülle bleibt übrig.

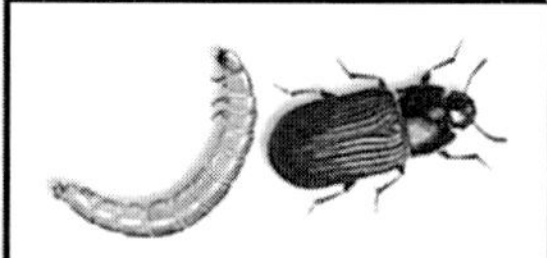

Der Mehlkäfer ist fast 2 cm lang und braun bis schwarz.
Das Weibchen legt mehrere hundert Eier, am liebsten ins Mehl.
Die hellbraunen Larven werden gut 2 cm groß. Mehlkäfer ernähren sich von Getreide, Mehl und Getreideprodukten.
Die Larven der Mehlkäfer werden als Futter für Vögel und andere Tiere gezüchtet. Man kann sie als „Mehlwürmer" kaufen.

Das Getreidehähnchen kommt in Europa, Asien, Nordafrika und Nordamerika vor. Es ist nicht etwa ein niedlicher Hahn, sondern ein Käfer und ein bedeutender Schädling im Getreideanbau. Es befällt Weizen, Gerste, Roggen und Hafer.
Mit Insektenvernichtungsmitteln kam man dem Käfer nicht bei. Heute werden verschiedene Schlupfwespenarten und Marienkäfer eingesetzt, die die Fortpflanzung der Getreidehähnchen beeinträchtigen.

Die Feldmäuse richten in Getreide-, Klee- und Rübenfeldern Schaden an. In Scheunen machen sie sich über die eingelagerten Feldfrüchte her.
Die Feldmaus ist die häufigste Wühlmaus in Europa.
Sie kann 10 cm lang werden, dazu kommen noch 4 cm Schwanz.
Sie lebt in Gärten und Feldern. Unter der Erde gräbt sie sich eine Höhle mit vielen Gängen. Dort legt sie auch ihre Getreidevorräte für den Winter an.

EA

Aufgabe 14: *Zeichne die Schädlinge in deinem Heft/in deinem Ordner auf. Beschreibe, welchen Schaden sie anrichten.*

Lernwerkstatt VOM GETREIDEKORN ZUM BROT
Von den Getreidearten bis zur Geschichte des Brotes – Bestell-Nr. 11 089
KOHL VERLAG

VII. Das Mehl

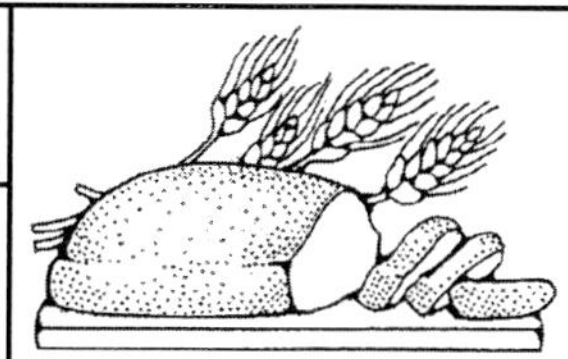

Mehlsorten - was steht auf der Tüte?

Die unterschiedlichen Mehltypen

Der Mehltyp ist eine Mengenangabe für den Mineralstoffgehalt im Mehl. Er informiert darüber, wie viel Milligramm Mineralstoffe in 100 g Mehl vorkommen. Um den Mineralstoffgehalt zu ermitteln, wird das Mehl verbrannt. Die zurückbleibende Asche besteht nur noch aus Mineralien. Bei 100 g Weißmehl der Type 405 bleiben ca. 0,405 g Asche bzw. Mineralien zurück.
Die Mineralstoffe sind hauptsächlich in der Kleie, also den Schalenrückständen der Getreidekörner enthalten.

Es gilt: Je niedriger die Mehltypzahl ist, desto mineralstoffärmer, heller und stärkehaltiger ist das Mehl.

Für Weizenmehl gilt:
- Die Type 405 ist Haushalts- bzw. Kuchenmehl mit guten Backeigenschaften.
- Die Type 550 ist für helle Brotsorten, Brötchen und Kleingebäck mit viel goldbrauner Kruste.
- Die Type 1050 wirkt dunkler. Aus dieser „mittleren Mehltype“ werden Mischbrote hergestellt.
- Typ 1700 ist Weizenbackschrot, also schon fast Vollkornmehl.
- Vollkornmehl wird fein vermahlen, enthält aber sämtliche Bestandteile des Korns.
- Vollkornschrot ist grob zerkleinert.

EA

Aufgabe 1: *Unser Körper braucht Mineralstoffe. Welches Mehl ist am besten für unsere Ernährung? Erkläre.*

____

____

Aufgabe 2: *Bringt verschiedene Mehlsorten mit. Verteilt sie auf kleinen Tellern oder hellem Papier. Beschriftet sie mit den Typenzahlen. Vergleicht die Mehle. Was stellt ihr fest?*

____

____

____

____

____

VII. Das Mehl

Wir stellen Mehl her

Aufgabe 3: ***Ihr braucht dazu:***

- *Getreidehalme – ihr könnt einen Bauern um Getreidehalme bitten oder Getreide auf dem Stoppelfeld sammeln.*
- *einen Holzklotz oder Gummihammer*
- *eine feste Unterlage*
- *1. Steine zum Mahlen, 2. Mörser, 3. Handmühle (alte Kaffeemühle), 4. elektrische Getreide- oder Kaffeemühle)*
- *ein grobes und ein feines Sieb*
- *eine Schüssel für das Mehl*
- *zum Vergleich eine Portion „normales" Haushaltsmehl im Glas*

So geht´s:

- *Dreschen: mit dem Holzklotz oder Gummihammer schlagt ihr auf die Ähren, bis sich die Körner lösen und herausfallen. Sammelt sie in einer Schüssel.*
- *Vor dem Mahlen wird das Getreide gereinigt. Manchmal sind Sand oder kleine Steine dabei, oder auch Erde oder Unkraut, sogar giftiges! Also wird alles aussortiert, was kein Getreidekorn ist.*
- *Nun geht es ans Mahlen: Jede Gruppe stellt mit einem „Werkzeug" (Steine, Mörser, Handmühle, elektrische Mühle) Mehl her.*
- *Das Mehl wird gesiebt, die Kleie (Schalenteile) kann nochmals gemahlen werden.*

PA

Aufgabe 4: **a)** *Beschreibt das Dreschen. Wie habt ihr es gemacht?*

____

____

b) *Wie sieht euer Mehl aus? Notiert es nach den Mahlarten.*

Mahlsteine	
Mörser	
Handmühle	
Elektrische Mühle	

c) *Vergleicht euer Mehl mit dem gekauften Mehl im Glas. Was stellt ihr fest?*

____

Lernwerkstatt VOM GETREIDEKORN ZUM BROT
Von den Getreidearten bis zur Geschichte des Brotes – Bestell-Nr. 11 089
KOHL VERLAG

VII. Das Mehl

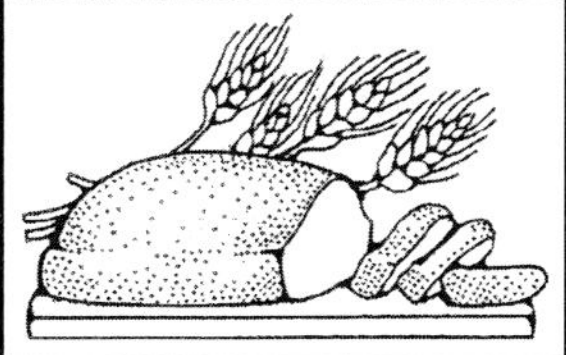

Basteln mit Salz-Mehl-Teig

PA

Aufgabe 5: *Bastelt eine Schafherde für die Fensterbank. Jeder formt ein Schäfchen. Den Untergrund könnt ihr mit Moos, Heu oder Stroh gestalten. Vielleicht bastelt euer Lehrer den Schäfer?*

Ihr braucht:

- 2 Tassen Mehl
- 1 Tasse Salz
- 1 Tasse Wasser
- 1 Esslöffel Tapetenkleister
- Knoblauchpresse
- Zahnstocher

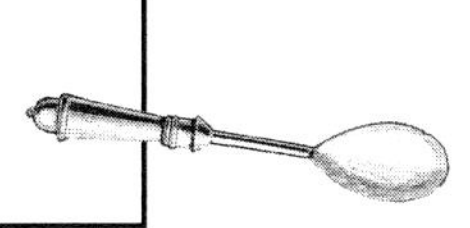

So geht´s:
Alle Zutaten gut verrühren, dann den Teig kneten. Je länger ihr knetet, desto geschmeidiger wird der Teig. Wenn der Teig zu flüssig ist, etwas Mehl zugeben. Wenn er zu hart ist oder bröckelt, etwas Wasser zugeben.

➲ *Hier sind die Einzelteile für das Schaf:*
Der Körper wurde aus einer Eiform erstellt, die Ohren werden aus Blattformen entwickelt, das Köpfchen sollte etwas eckig sein.
Das Fell wird mit der Knoblauchpresse hergestellt.

➲ *Nachdem das Schaf seinen Kopf und seine Ohren bekommen hat, werden mit einem Holzstäbchen die Salzteigstränge vorsichtig aufgelegt und angedrückt.*

➲ *Mit einem Holzstäbchen werden noch die Augen und das Maul gestaltet.*
Dann ab damit in den Ofen. Kleine Schafe backt ihr 1 – 3 Stunden bei ca. 100 Grad C.

Tipps:
- Verschiedene Teile klebt man zusammen, indem man die Stellen, an denen sie verbunden werden sollen, mit Hilfe eines Pinsels anfeuchtet.
- Durch das Backen werden die Salzteigformen hart und haltbar. Größere Gegenstände backt ihr etwa 6 Stunden.
- Zum Bemalen eignen sich Deck- und Wasserfarben.
- Ein Lacküberzug schützt vor Feuchtigkeit und erhöht die Haltbarkeit der Schafe.

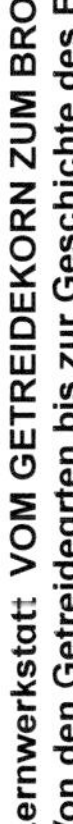

VIII. Mühlen im Wandel der Zeit

Die Geschichte der Mühlen

Die Geschichte der Mühlen beginnt mit dem Anbau von Getreide. Das musste zerkleinert werden.
Anfangs machte man das mit Reibsteinen. Man nahm einen großen und einen kleinen Handstein; der kleinere diente zum Zerdrücken bzw. Zerquetschen mehlhaltiger Körner. Solche Handsteine werden noch heute von Naturvölkern benutzt.

Wassermühlen sind eine Erfindung der Römer. Sie wurden aus den Flussschöpfrädern entwickelt. Die Römer nutzten Wasserräder zum Antrieb von Mahlmühlen.

Paul-Georg Meister / pixelio.de

Wassermühle in Ulm

„Glück zu!"
hieß der Müllergruß. Glück brauchte der Müller. Hochwasser drohte seinem Anwesen, Mühlsteine konnten sich im schnellen Lauf erhitzen und auseinander reißen, im Winter ließ Eis das Mühlrad ruhen oder Antriebsräder konnten brechen. Tag und Nacht, auch an Sonn- und Feiertagen, wo sonst die Arbeit ruhte, wurde gearbeitet. Überall im Anwesen waren die Geräusche der Mahlgänge hörbar und zu fühlen: Rütteln, Schütteln, Knarren, Knirschen, Klopfen ...

Gleich hörte das geübte Ohr des Müllers, wenn Unheil drohte. War das Korn alle, ertönte der Klingelmann, ließ die Qualität des Mehles nach, mussten die Mühlsteine neu bearbeitet werden. Ein gutes Mehl erforderte 7 Mahlgänge. Siebenmal wurde das gleiche Mahlgut in Säcken wieder nach oben getragen.
Wenn das Mühlrad sich unregelmäßig drehte, musste das Wasser reguliert werden. Der Müller kam nur selten zur Ruhe. Er wohnte mit seiner Familie und den Knechten in der Mühle. Neben der Instandhaltung der Anlage musste das gesamte Haus ständig von feinem Mehlstaub gesäubert werden.
Über ankommendes Korn und abgeliefertes Mehl und die Kleie wurde genau Buch geführt. Oft wurde auch noch eine kleine Landwirtschaft betrieben.
Hier war die Müllerin zuständig, obwohl auch sie einen langen Arbeitstag hatte. Neben ihrer Hilfe in der Mühle musste sie kochen, waschen, putzen, nähen, die Kinder und die Knechte versorgen. „Glück zu!" brauchten auch die Müllerin und alle anderen Bewohner der Mühle.

EA

Aufgabe 1: *Beschreibe einen Arbeitstag des Müllers oder der Müllerin mit deinen eigenen Wörten. Schreibe in dein Heft/in deinen Ordner.*

Lernwerkstatt VOM GETREIDEKORN ZUM BROT – Bestell-Nr. 11 089
Von den Getreidearten bis zur Geschichte des Brotes

KOHL VERLAG

VIII. Mühlen im Wandel der Zeit

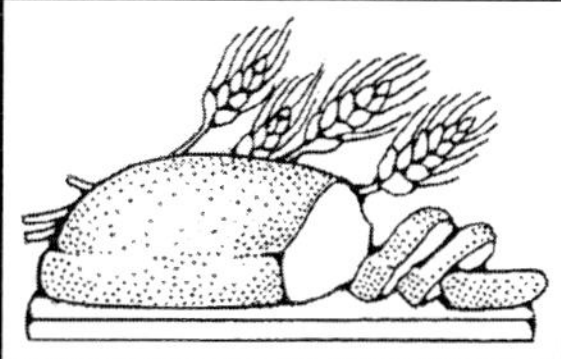

Die Geister in der Wassermühle

momosu / pixelio.de

Als die Germanen vor mehr als 2000 Jahren auf ihren ersten Ausflügen nach Südeuropa kamen, sahen sie im römischen Reich die Wassermühlen. Den Besuchern erschienen diese rumpelnden Maschinen sehr seltsam. Sie verstanden nicht, dass die Wassergeister der Bäche und Flüsse gezwungen werden konnten, sich als Mahlsklaven abzurackern.

Und doch, die Geister rächten sich auf ihre Weise am Müller: Der Wassermann zerriss das Mühlrad und Kobolde oder bösartige Geister lösten Mehlstaubexplosionen aus, die so manche Mühle zertrümmerten. Auf der anderen Seite aber konnte das Mühlrad mit unterschiedlichem Tempo und unterschiedlicher Tonlage sprechen, und dafür mussten Nixen verantwortlich sein. Aber nach und nach kam man zur Erkenntnis, dass es ganz bequem war, wenn das Wasser die Mahlarbeit erledigte.
Einige Zeit warf man zur Sicherheit und zur Besänftigung der beleidigten Geister noch etwas Brot oder Mehl ins Wasser.

EA

Aufgabe 2: **a)** *Schreibe eine Geschichte zu den Ereignissen in der alten Wassermühle. Setze folgende Wörter ein:*

spätabends – Nixe – Donner – Müller – blitzen

b) *Male ein Bild von den Wassergeistern in der Mühle.*

Lernwerkstatt: VOM GETREIDEKORN ZUM BROT
Von den Getreidearten bis zur Geschichte des Brotes – Bestell-Nr. 11 089

VIII. Mühlen im Wandel der Zeit

Es klappert die Mühle am rauschenden Bach

Ernst Anschütz (1797–1855)

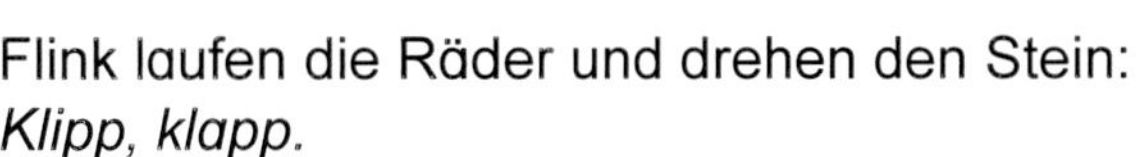

Flink laufen die Räder und drehen den Stein:
Klipp, klapp.
Und mahlen den Weizen zu Mehl uns so fein:
Klipp, klapp
Der Bäcker dann Kuchen und Zwieback draus bäckt,
der immer den Kindern besonders gut schmeckt.
Klipp, klapp, klipp, klapp, klipp, klapp

Wenn reichliche Körner das Ackerfeld trägt:
Klipp, klapp.
Die Mühle dann flink ihre Räder bewegt:
Klipp, klapp.
Und schenkt uns der Himmel nur immerdar Brot,
so sind wir geborgen und leiden nicht Not.
Klipp, klapp, klipp, klapp, klipp, klapp

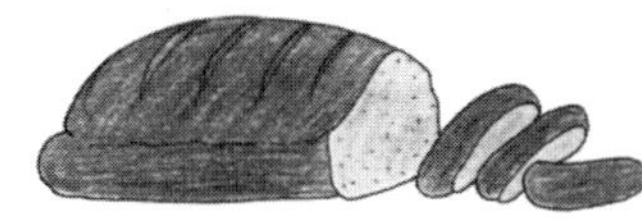

KOHL VERLAG
Lernwerkstatt VOM GETREIDEKORN ZUM BROT
Von den Getreidearten bis zur Geschichte des Brotes – Bestell-Nr. 11 089

VIII. Mühlen im Wandel der Zeit

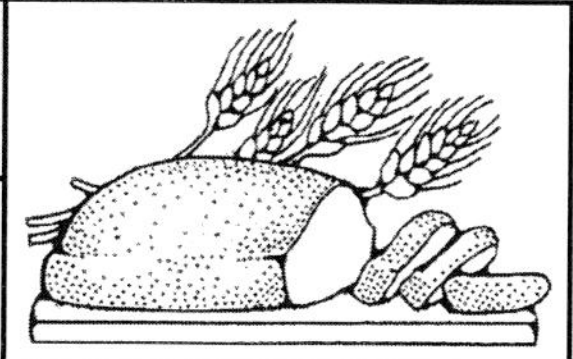

Windmühlen

Einige Jahrhunderte nach den Wassermühlen kamen die Windmühlen auf. Die ersten Windmühlen wurden um 600 n. Chr. in Asien gebaut. Um 1100 gelangte diese Erfindung nach Europa.

Marc Tollas / pixelio.de

Die **Bockwindmühle** musste ganz in die richtige Windrichtung gedreht werden.

Bei der **Holländermühle** musste man nur den oberen Teil, den Mühlenkopf, drehen.

Bildpixel / pixelio.de

In Deutschland entstanden die ersten Windmühlen im 11. Jahrhundert. Die älteste Form ist die sogenannte „Bockwindmühle" oder auch „Deutsche Mühle" genannt.
Im 16. Jahrhundert wurden die „Holländermühlen" in den Niederlanden erfunden. Ihr Vorteil war eine höhere Stabilität, durch die größere Windräder und somit eine höhere Leistung möglich wurden. Früher besaß jedes Dorf mindestens eine Wind- oder Wassermühle.
Am bekanntesten ist die Nutzung der Windmühlen zum Mahlen von Getreide zu Schrot und Mehl. Wind- und Wassermühlen waren lange Zeit die einzige Arbeitsmaschine der Menschen. Entsprechend vielfältig war ihre Verwendung als Mahlmühle, als Ölmühle, zur Verarbeitung von Werkstoffen (etwa als Sägewerk) und als Pump- oder Schöpfwerk. Erst die Entwicklung der Dampfmaschinen und Motoren im 19. Jahrhundert brachte das Ende der Wind- und Wassermühlen.

Bei den ersten Windmühlen wurde ein Rad mit langen Segeln an einem Turm befestigt. Wenn der Wind blies, drehte sich das Rad und trieb die Mahlsteine in der Mühle an.

Das Korn kam über einen Seilaufzug (Seilwinde) nach oben zum Mahlgang. Der Mahlgang bestand aus einem hölzernen Gefäß, das zwei Mühlsteine enthielt. Der untere Stein lag fest auf dem Boden, während sich der obere drehte. Zwischen den Steinen wurde das Korn gemahlen.

Fotos: Karl-Heinz Laube / pixelio.de

Mit dieser Winde wurde das Getreide auf den Mühlenboden gehoben.

Nach dem Mahlen wurde abgesackt, in 75 kg Säcke! Die Säcke wurden danach per Sackkarre und Mühlenfahrstuhl zur Auslieferung gebracht.

Mahlstein

Thomas-Max Müller / pixelio.de

EA

Aufgabe 3: *Zeichne eine der ersten Windmühlen in dein Heft/in deinen Ordner.*

Lernwerkstatt VOM GETREIDEKORN ZUM BROT Von den Getreidearten bis zur Geschichte des Brotes – Bestell-Nr. 11 089
KOHL VERLAG

VIII. Mühlen im Wandel der Zeit

Die Steprather Mühle am Niederrhein

Die Steprather Mühle in Geldern-Walbeck ist die älteste voll funktionierende Windmühle Deutschlands. Sie ist über 500 Jahre alt.
Mitte des letzten Jahrhunderts gab sie den Betrieb auf. Es ist einigen tatkräftigen Bürgern zu verdanken, dass nun in der alten Mühle wieder Korn gemahlen wird. Die Bürger haben einen Förderverein gegründet und die Mühle für einen symbolischen Kaufpreis von 1 DM (etwa 50 Cent) der Stadt Geldern abgekauft.

Mit Spenden und viel Arbeit ist es dem Förderverein in den neunziger Jahren gelungen, die Steprather Mühle zu restaurieren.
Ehrenamtliche Helfer verarbeiten das frisch gemahlene Vollkornmehl im eigenen Steinofen weiter. Der Ofen wurde nach alten Plänen neu gebaut und fasst bis zu 100 Brote. Mühlenbesucher können die Backwaren probieren und verschiedene Mehlsorten und Brote kaufen. Der Erlös trägt zum weiteren Unterhalt der Mühle bei.

EA

Aufgabe 4: **a)** *Beschreibe, wo die älteste, voll brauchbare Windmühle Deutschlands steht.*

____

____

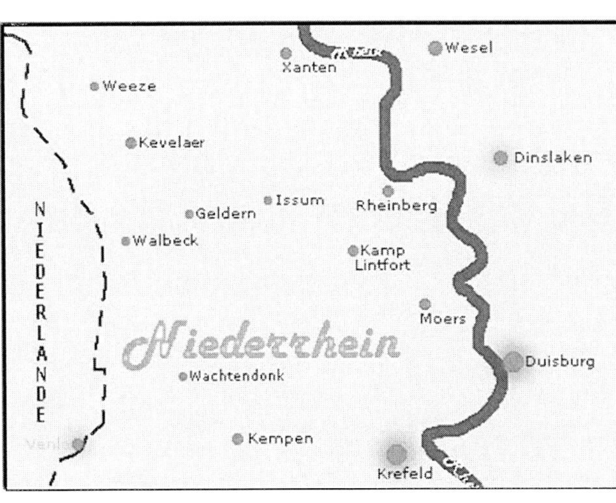

b) *Kreise es auf der Karte rechts rot ein.*

c) *Welche Großstädte liegen in der Nähe?*

____

____

____

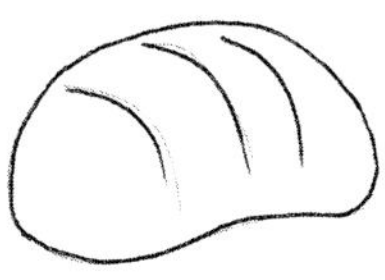

d) *Was trägt zum Unterhalt der Mühle bei?*

____

____

____

VIII. Mühlen im Wandel der Zeit

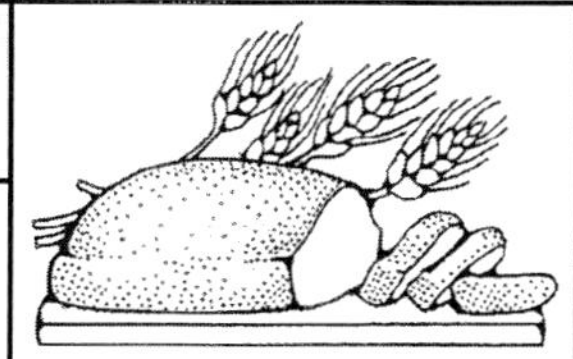

So funktioniert die Windmühle

Karl-Heinz Laube / pixelio.de

Flügelwelle aus Eichenholz in einer Bockwindmühle. Die Kraft wird durch hölzerne Getriebe übertragen. Sogar die Zähne sind aus Holz. Die Flügelwelle dreht sich nur zwei bis dreimal je Minute, der Mühlstein etwa 60–80 mal.

Nur mit der Kraft des Windes wird aus Getreide Mehl: Wenn sich die 14 Meter langen Flügel drehen, setzen sie die Flügelwelle in Gang. An diesem langen Balken ist das Kammrad befestigt. Seine Zähne greifen in die des Kronrads und treiben die sogenannte Königswelle an. Sie überträgt die Kraft nach unten. Zwei weitere Zahnräder bewegen die Spindelräder. An den Spindeln schließlich sitzen die Mühlsteine. Bei der Steprather Mühle bewirkt diese Technik mit den vielen Zahnrädern eine Übersetzung von 1:7. Das heißt, wenn sich die Flügel der Mühle einmal herumgedreht haben, hat der Mühlstein bereits sieben Drehungen vollzogen. Er zerreibt mit seinem Gewicht die Getreidekörner zu Mehl.

Die Mühle hat 5 Stockwerke:

1. Mehlboden: ➲ Mehlauslauf der Mahlgänge
2. Steinboden: ➲ zwei Mahlgänge mit Mühlsteinen (auf S. 50 ist nur einer zu sehen)
3. Getreideboden: ➲ Getreidelager mit Korntrichter
4. Aufzugboden: ➲ Sackaufzug
5. Kappenboden: ➲ Mühlenhaube mit Kammrad, Bremse und Flügelwelle

EA

Aufgabe 5: **a)** *Setze die Zahlen der Windmühlenteile an die richtigen Stellen der Windmühle auf Seite 50.*

b) *Schreibe dann unten in die Tabelle, wozu sie gebraucht werden.*

1	Flügel	✎
2	Flügelwelle	
3	Kammrad	
4	Kronrad	
5	Königswelle	
6	Mühlsteine	
7	Mehlboden	
8	Steinboden	
9	Getreideboden	
10	Korntrichter	
11	Kappenboden	

Lernwerkstatt VOM GETREIDEKORN ZUM BROT – Bestell-Nr. 11 089
Von den Getreidearten bis zur Geschichte des Brotes

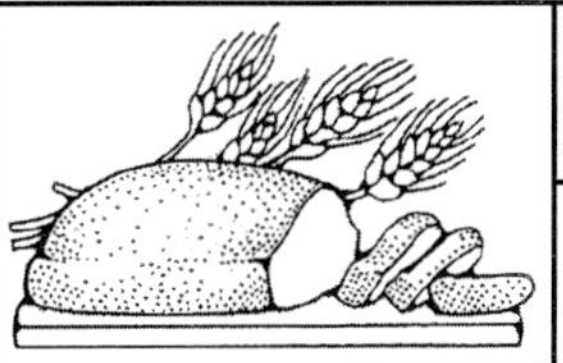

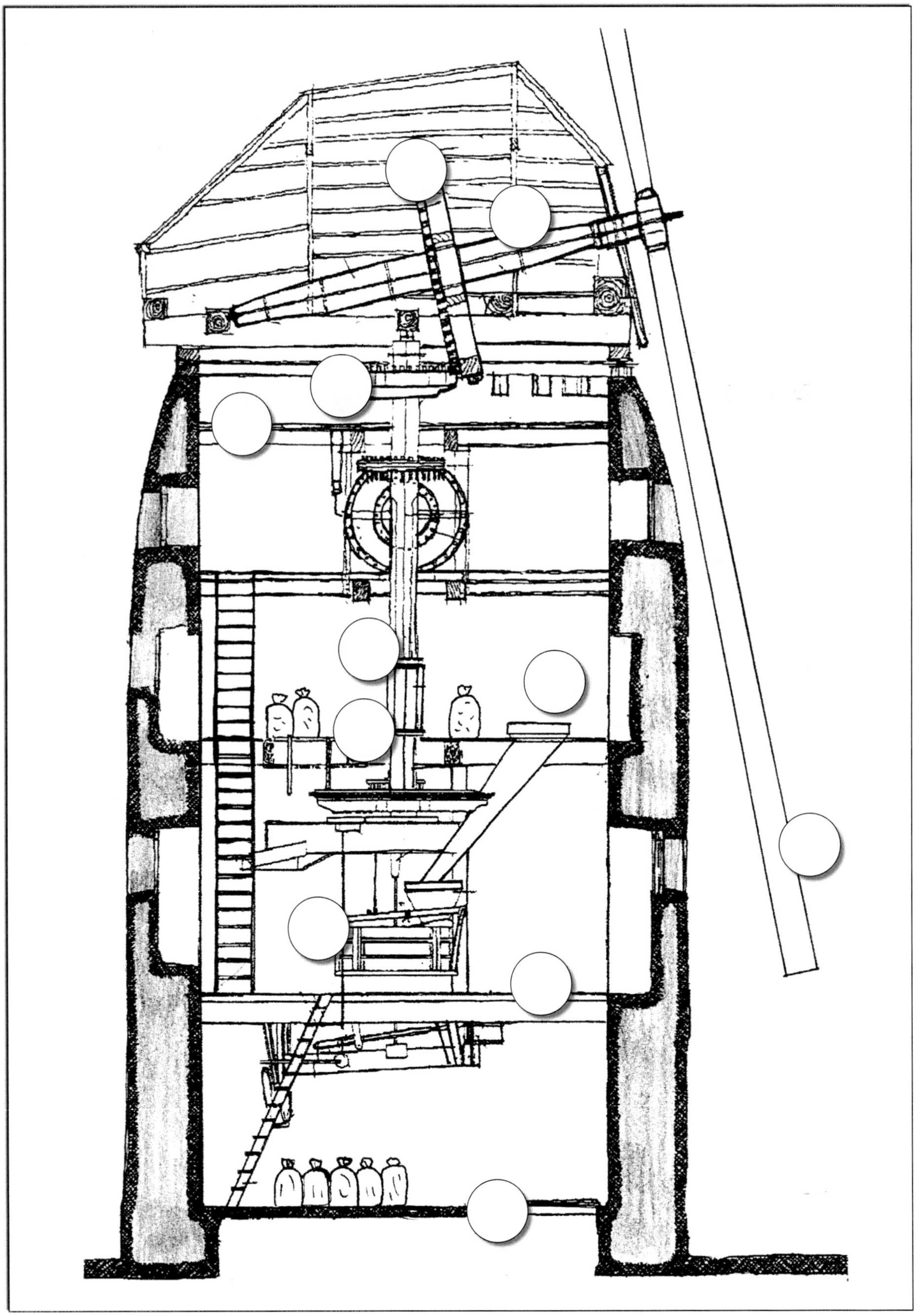

VIII. Mühlen im Wandel der Zeit

Lernwerkstatt VOM GETREIDEKORN ZUM BROT
Von den Getreidearten bis zur Geschichte des Brotes – Bestell-Nr. 11 089
KOHL VERLAG

VIII. Mühlen im Wandel der Zeit

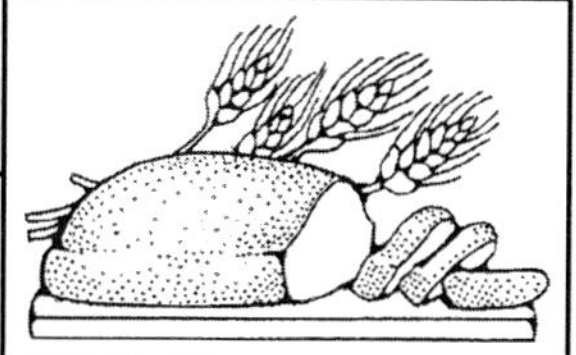

Das Mühlensudoku

EA

Aufgabe 6: *Schneide die Bilder unten aus. Klebe sie so in die leeren Felder, dass in den Zeilen, den Spalten und den mit dicken schwarzen Linien getrennten Teilen kein Bild doppelt vorkommt.*

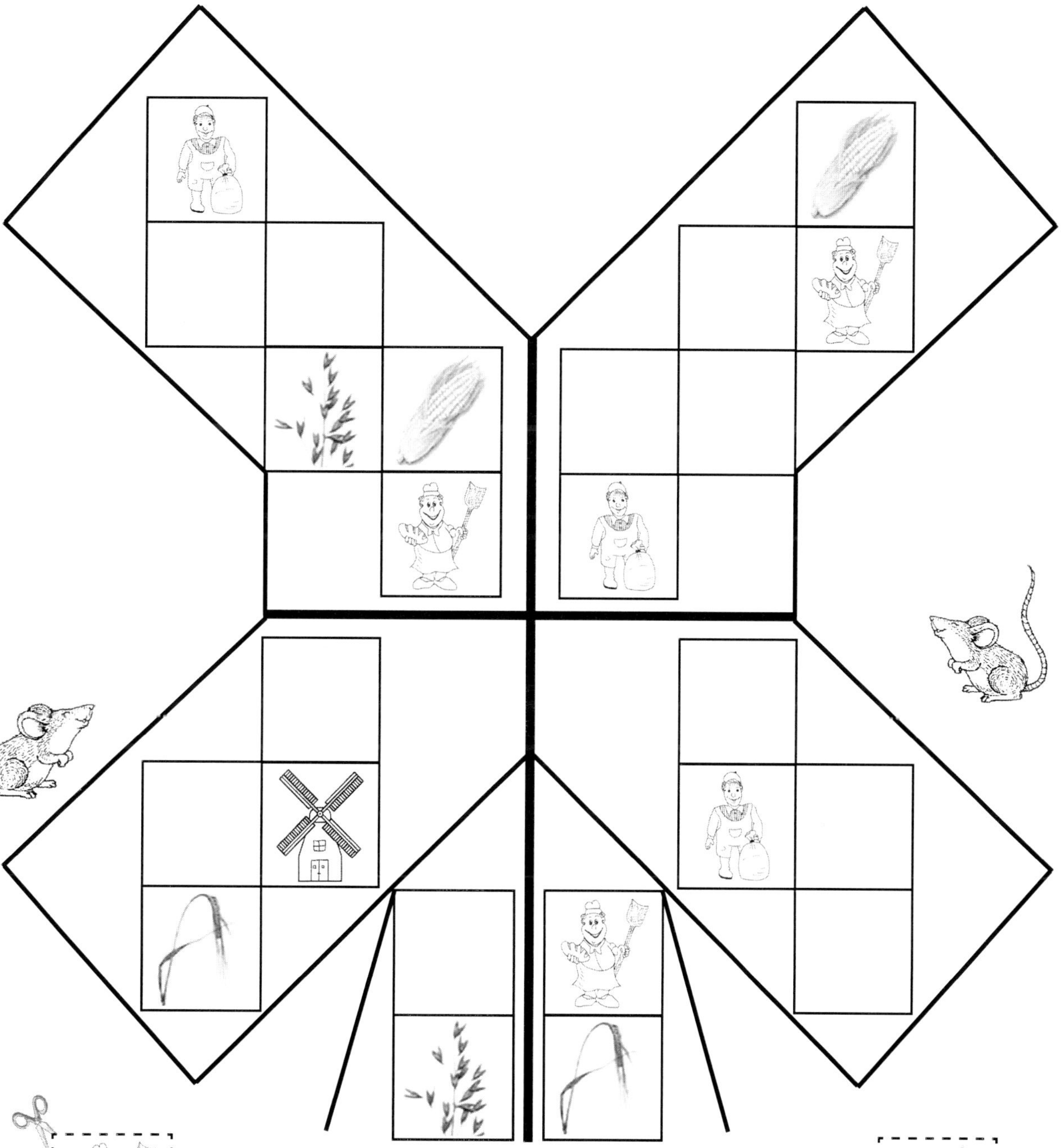

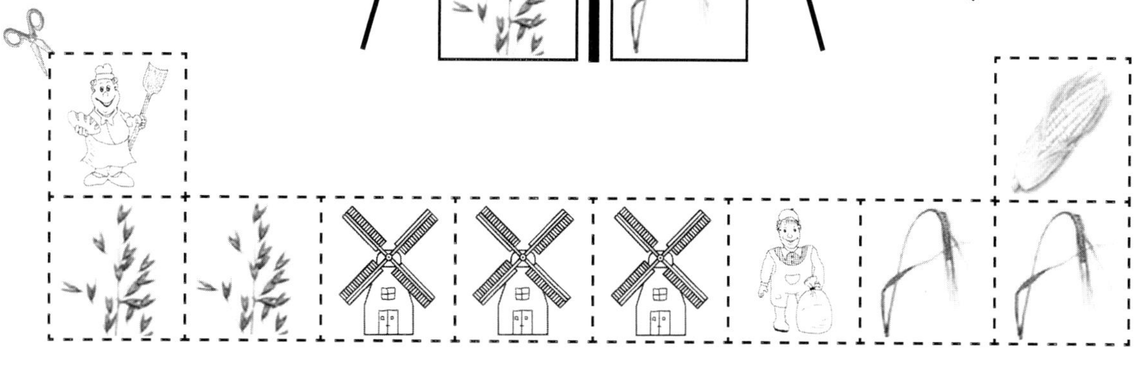

VIII. Mühlen im Wandel der Zeit

Max und Moritz – letzter Streich

Aufgabe 7: a) *Lest das Gedicht.*
Findet Erklärungen für die Wörter, die ihr nicht versteht.

b) *Fügt dann die passenden Reimwörter ein:*

Maltersäcke – lichter – Geknacke – Stücken – schneiden – Getreide – rinnen – Bösewichter – Lumpenpack – kann – Federvieh – Streich – Mühle

Max und Moritz, wehe euch!

Jetzt kommt euer letzter ______________________!

Wozu müssen auch die beiden

Löcher in die Säcke ______________________?

Seht, da trägt der Bauer Mecke

einen seiner ______________________.

Aber kaum, dass er von hinnen,

fängt das Korn schon an zu ______________________.

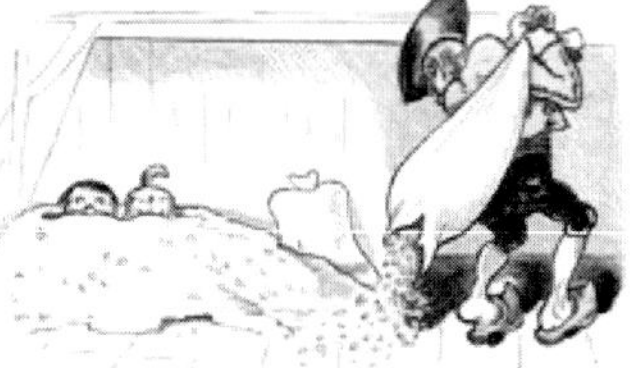

Und verwundert steht und spricht er:

„Zapperment! Dat Ding werd ______________________!“

Hei! Da sieht er voller Freude

Max und Moritz im ______________________.

Lernwerkstatt VOM GETREIDEKORN ZUM BROT
Von den Getreidearten bis zur Geschichte des Brotes – Bestell-Nr. 11 089

VIII. Mühlen im Wandel der Zeit

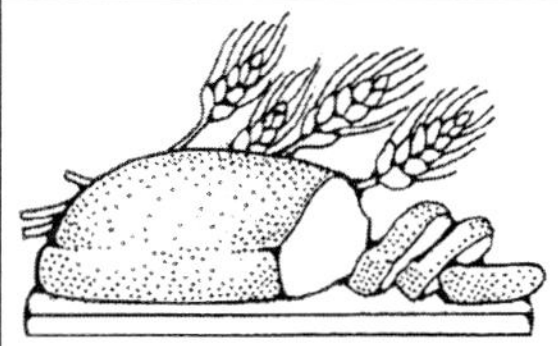

Rabs! In seinen großen Sack
schaufelt er das ______________________.

Max und Moritz wird es schwüle,
Denn nun geht es nach der ______________________.

„Meister Müller, he, heran!
Mahl er das, so schnell er ______________________!"

„Her damit!" Und in den Trichter
schüttet er die ______________________.

Rickeracke! Rickeracke!
Geht die Mühle mit ______________________.

Hier kann man sie noch erblicken,
fein geschroten und in ______________________.

Doch sogleich verzehret sie
Meister Müllers ______________________.

c) *Wie gefällt euch das Gedicht? Tauscht euch aus.*

VIII. Mühlen im Wandel der Zeit

Ein alter Beruf: Der Müller

Die Entwicklung des Handels und der Landwirtschaft brachte es mit sich, dass spätestens seit dem 12. Jh. fast jeder Ort eine eigene Mühle besaß. Müller waren oftmals überaus wohlhabend. Damit jede Mühle genug zu tun hatte, gab es den „**Mühlenbann**“: Neben den bestehenden Mühlen durften an einem Ort keine weiteren gebaut werden.
Es herrschte **Mahlzwang**. Die Bauern bekamen ihre Mühle zugewiesen. Die Einhaltung des Mahlzwangs wurde durch die Kerbhölzer überwacht. Das waren Holzscheite, die in der Mitte gespalten wurden. Davon bekam die eine Hälfte der Bauer, die andere der Müller.
Brachte der Bauer sein Getreide zur Mühle, so wurde für jeden Scheffel (= Hohlmaß für Getreide, je nach Land unterschiedlich) über beide Hälften Kerben geschnitten. Die Redensart „etwas auf dem Kerbholz haben“, hat sich seither erhalten. Aus jedem Scheffel Getreide stand dem Bauer ein gehäufter Scheffel Mehl zu und ein viertel Scheffel Kleie. Der Lohn des Müllers war die „Metze“, der sechzehnte Teil des Getreides.
Seit dem 13. Jh. dauerte die Ausbildung eines Müllers 2–3 Jahre. Anschließend verbrachte der Geselle weitere 3 Jahre auf der Wanderschaft. Seine Aufgaben bestanden darin, das „gehende Zeug“ in Ordnung zu halten und das Mahlgut ordnungsgemäß anzunehmen und auszugeben. Der Müller musste die Mühle sauber halten, die Mühlsteine nachschärfen und nötige Reparaturen ausführen.

EA

Aufgabe 8: **a)** *Welche Aufgaben hatte der Müller? Notiere.*

____

____

____

____

b) *Was heißt: „das gehende Zeug“ in Ordnung halten?*

____

____

c) *Was bezweckte das Kerbholz?*

____

____

Lernwerkstatt VOM GETREIDEKORN ZUM BROT
Von den Getreidearten bis zur Geschichte des Brotes – Bestell-Nr. 11 089

d) *Was ist ein Scheffel?*

e) *Welchen Lohn erhielt der Müller?*

In einem Wappen des Müllers sind die Werkzeuge und Produkte zu sehen, die für diesen Beruf typisch sind.

Die Zünfte

Im 12. Jahrhundert entstanden in ganz Europa Zusammenschlüsse von Handwerkern des gleichen Gewerbes. Das waren zum Beispiel Müller, Schuster, Schmiede oder Bäcker.
Die Zugehörigkeit zu einer Zunft wurde von Generation zu Generation vererbt. Für Lehrlinge und Gesellen war eine bestimmte Ausbildung vorgeschrieben. Zunftordnungen regelten unter anderem die Betriebsgröße, den Rohstoffbezug und die Arbeitszeit. Die Zünfte halfen ihren Gesellen und deren Familien, wenn jemand krank wurde oder starb. Jede Zunft hatte ein Zunfthaus oder eine Zunftstube, dort traf man sich gewöhnlich. Zünfte gab es bis ins 19. Jahrhundert. Innungen sind die Nachfolger der Zünfte.
Die Handwerkszünfte (z. B. Müller, Bäcker, Schuster oder Fleischer) trugen alle ein Wappen.

EA

Aufgabe 9: **a)** *Beschreibe, was das Wappen der Müller zeigt.*

b) *Suche im Internet weitere Wappen und male sie in dein Heft/ in deinen Ordner.*

Lernwerkstatt VOM GETREIDEKORN ZUM BROT
Von den Getreidearten bis zur Geschichte des Brotes – Bestell-Nr. 11 089

VIII. Mühlen im Wandel der Zeit

Der Name „Müller“

Aufgrund der starken Verbreitung des Müller-Berufes sind uns viele Arten und Schreibweisen des Nachnamens bekannt. Es hatten sich auch einige andere Namen gebildet, die über die Art der Mühle und ihren Standpunkt Auskunft gaben.

So z. B. für die verschiedenen Arten von Mühlen:
- Lohnmüller
- Ölmüller
- Windmüller

für den jeweiligen Standort der Mühle:
- Angermüller
- Bachmüller
- Obermüller

PA

Aufgabe 10: **a)** *Findet weitere Namen mit ...müller und erklärt sie.*

b) *Welche weiteren Namen kennt ihr, die sich von alten Berufen herleiten?*

Schuhmacher	Er stellte die Schuhe her.

Die Sprache der Mühlen

Früher gab es weder Telefon oder Handy noch Internet. Trotzdem konnten die Bauern schon von Weitem sehen, ob der Müller „geöffnet“ hatte. Er drehte die Flügel seiner Mühle in eine bestimmte Stellung. Rundum wussten die Leute nun, ob sie Korn zum Mahlen bringen konnten oder nicht. So sah das aus:

kurze Pause	lange Pause	freudige Nachricht	traurige Nachricht

VIII. Mühlen im Wandel der Zeit

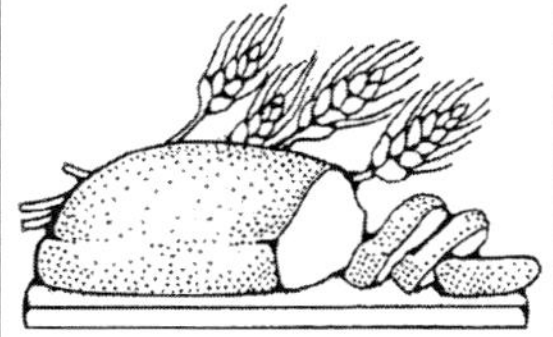

EA

Aufgabe 11:

Schreibe auch ein kurzes Gedicht über den Müller oder die Mühle.
Finde zuerst Reimwörter dazu:

Wind: sind, Kind, ...

Korn: ______________________

_____ ______________________

_____ ______________________

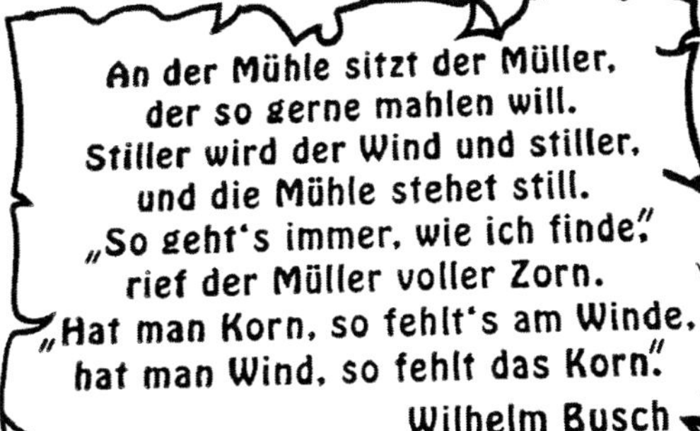

Schreibe in dein Heft/in deinen Ordner. Zeichne dazu eine Mühle und den Müller.

Der Bauer und der Windmüller (Wilhelm Busch)

PA

Aufgabe 12: *Schneidet die Kärtchen unten aus.*
Legt sie zu den passenden Bildern auf den Seiten 58 und 59.
Wenn ihr alle richtig zugeordnet habt, klebt ihr die Kärtchen in die Felder.

Die Luft ist kühl, es weht der Wind. Der Bauer zieht zur Mühl' geschwind.	Den Esel zieht es fort, o Graus. Der Müller guckt zum Loch heraus.	Der Bauer nimmt die Säge und wehrt sich ab die Schläge.
Jetzt endlich bleibt die Mühle stehn. Doch um den Esel ist's geschehn.	mit einem Besen groß und lang, macht sie dem Bauern angst und bang.	Hier siehst du nun auf einem Karr'n den Abgeschied'nen heimwärts fahrn.
Und als der Bauer kam nach Haus, fuhr seine Frau zur Tür heraus,	Indessen haut dem Bäuerlein ein Flügel an das rechte Bein.	Ei, denkt der brave Bauersmann, da bind' ich meinen Esel an.
Am Schwanz hängt sich der Bauer an, was ihm jedoch nicht helfen kann.	Die Nase blutet fürchterlich, der Bauer denkt: »Was kümmert's mich?«	Der böse Müller hat's gesehn und lässt sogleich die Mühle gehn.
Zur Mühle geht der Bauersmann und fängt sogleich zu sägen an.	Denn sieh! Die Haare halten nicht. Bumbs, liegt er da, der arme Wicht.	Racksknacks! Da bricht die Mühle schon – das war des bösen Müllers Lohn.
Ein Sägezahn trifft ganz genau ins Nasenloch der Bauersfrau.	Der böse Müller aber kroch schnell aus dem off'nen Mühlenloch.	Der Müller aber mit Vergnügen sieht in der Luft den Esel fliegen.

Lernwerkstatt VOM GETREIDEKORN ZUM BROT
Von den Getreidearten bis zur Geschichte des Brotes – Bestell-Nr. 11 089
KOHL VERLAG

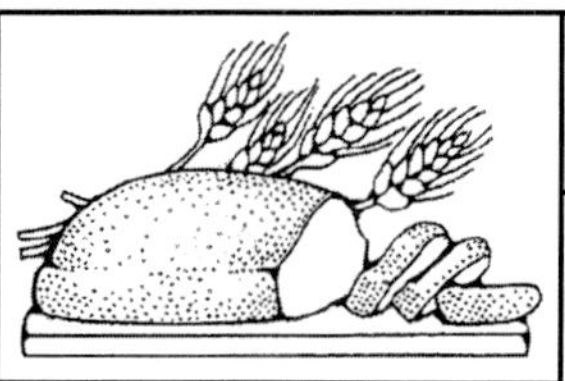

VIII. Mühlen im Wandel der Zeit

Lernwerkstatt VOM GETREIDEKORN ZUM BROT
Von den Getreidearten bis zur Geschichte des Brotes – Bestell-Nr. 11 089

VIII. Mühlen im Wandel der Zeit

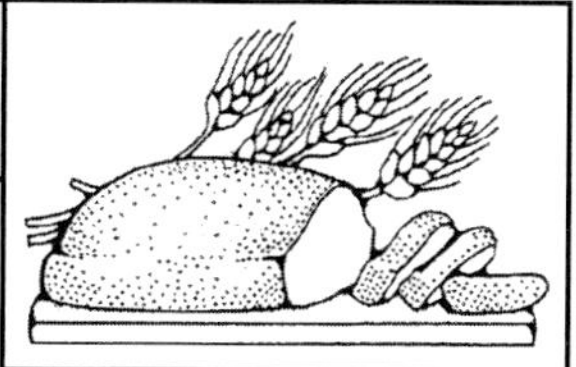

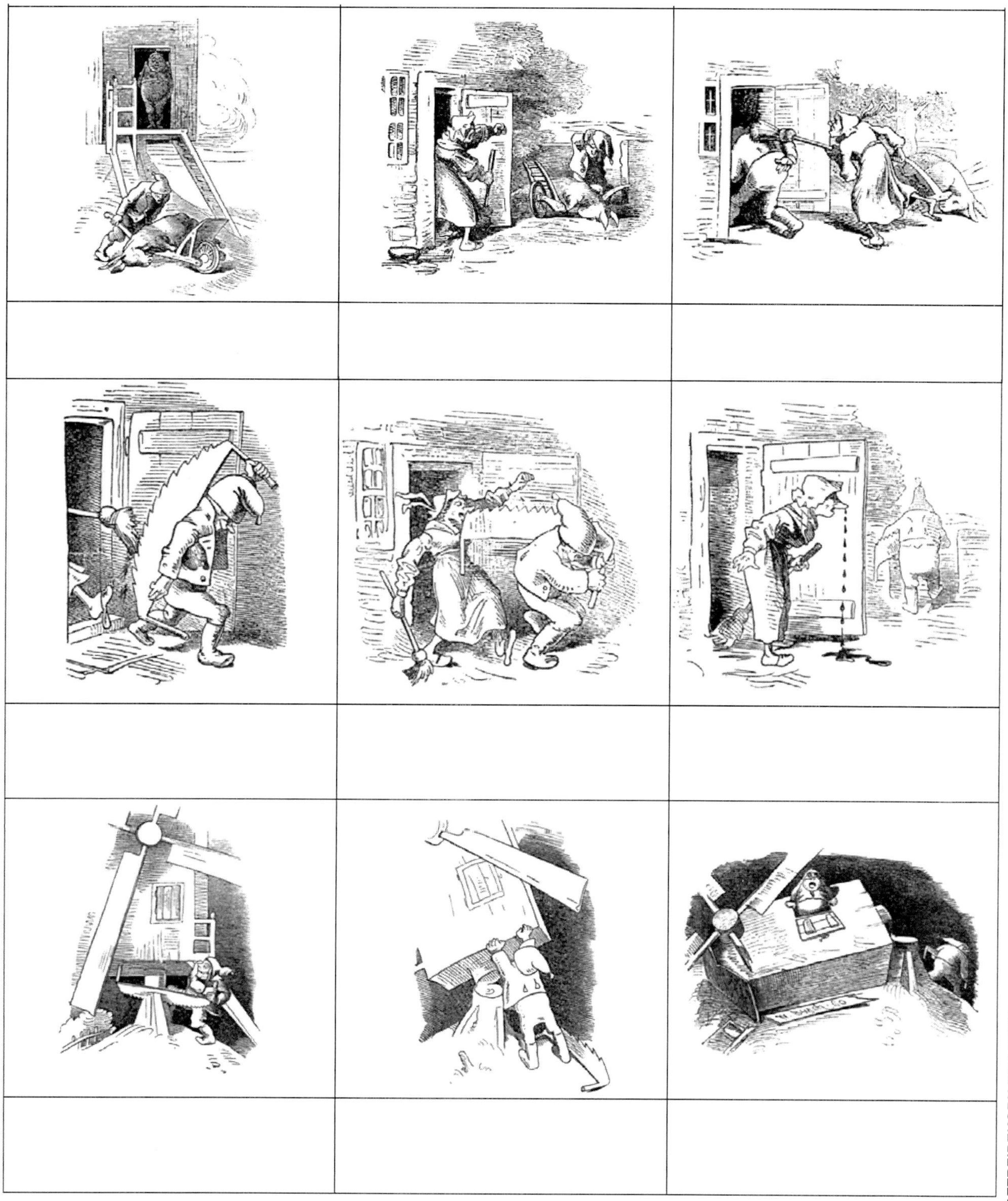

EA

Aufgabe 13: *Erzähle die Geschichte mit deinen Worten. Schreibe in dein Heft/in deinen Ordner.*

Lernwerkstatt VOM GETREIDEKORN ZUM BROT
Von den Getreidearten bis zur Geschichte des Brotes – Bestell-Nr. 11 089

VIII. Mühlen im Wandel der Zeit

Die Mühlen heute

Walzenstühle

Die Mühlen heute stellen her:

- in einer **Getreidemühle** aus Weizen, Roggen und Dinkel
  → u. a. Schrot, Grieß, Dunst und Mehl sowie Kleie
- in einer **Schälmühle** aus Hafer, Gerste, Mais, Reis und Hirse
  → u. a. Flocken, Grütze und Graupen
- in einer **Gewürzmühle** aus Gewürzsaaten, Kräutern und Mineralstoffen
  → Gewürzpulver und gerebelte Gewürze
- in einer **Ölmühle** aus Raps, Sonnenblumen-, Soja- oder Leinsamen
  → Speiseöl bzw. Biodiesel oder Industrieöl
- in einer **Futtermühle** aus pflanzlichen, tierischen und mineralischen Grundstoffen
  → Mischfutter für Nutz-, Heim-, Zootiere und Wild.

So wird in den Mühlen gearbeitet

Annahme und Lagerung: Im Labor der Mühle wird das Korn auf Sauberkeit, Eiweißgehalt, Stärkeeigenschaften und Feuchtigkeit kontrolliert. Das Getreide wird grob von Staub, Steinen, Stroh, Unkraut und Ungeziefer gereinigt.
Reinigung: „Gut gereinigt ist halb gemahlen" sagt schon ein alter Müllerspruch. Manchmal sind Sand oder kleine Steinchen, Erde oder sogar giftiges Unkraut im Getreide. Also wird das Getreide gesiebt und alles, was nicht hinein gehört wird ausgesondert.
Vermahlung: Die Körner werden zwischen Stahlwalzen zerkleinert und dann gesiebt. Was da durchfällt, ist schon Mehl. Was übrig bleibt, wird wieder zerkleinert und wieder gesiebt. In manchen Mühlen macht man das bis zu 16 Mal.

Getreidesilo

Mahlum/wikipedia.de

Diese Aufgaben übernehmen Walzenstühle, Sieb- und Sortiermaschinen, Grießputzmaschinen und viele andere Hilfsmaschinen. Aus diesen unterschiedlichen Mahlprodukten kann der Müller Mehlmischungen erzeugen, z. B. für Brote, Gebäcke, Feinbackwaren.

Mehllagerung und Versand: Nach nochmaliger Qualitätskontrolle gelangt das Mehl über die Mischmaschine zur Absackung oder in den Mehlsilo.

EA

Aufgabe 14: *Schreibe in dein Heft/in deinen Ordner:*

a) *Notiere, welche Arten von Mühlen heue noch in Betrieb sind.*

b) *Wie heißt ein alter Müllerspruch?*

c) *Welche Maschinen werden in der Mühle eingesetzt?*

Lernwerkstatt VOM GETREIDEKORN ZUM BROT
Von den Getreidearten bis zur Geschichte des Brotes – Bestell-Nr. 11 089
KOHL VERLAG

VIII. Mühlen im Wandel der Zeit

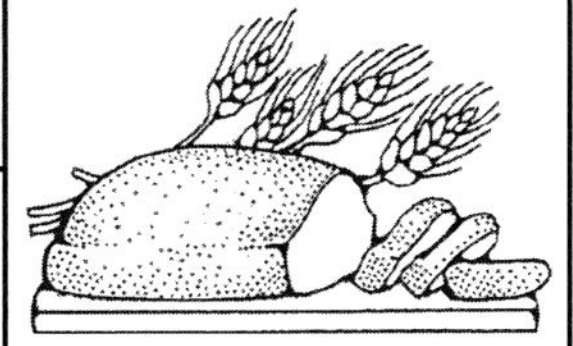

Das stellt die Mühle aus dem Mehlkörper her:

Mehl: Größte Feinheit – staubförmig, fein vermahlenes Endprodukt

Dunst: Mittlere Feinheit – noch nicht mehlfein zermahlen, etwas gröber

Grieß: Grobe Bruchstücke des Mehlkörpers, werden entweder weiter zu Mehl vermahlen oder zur Herstellung von Brei oder Panaden genommen.

Mühle heute: Von der Anlieferung des Getreides bis zur Produktauslieferung

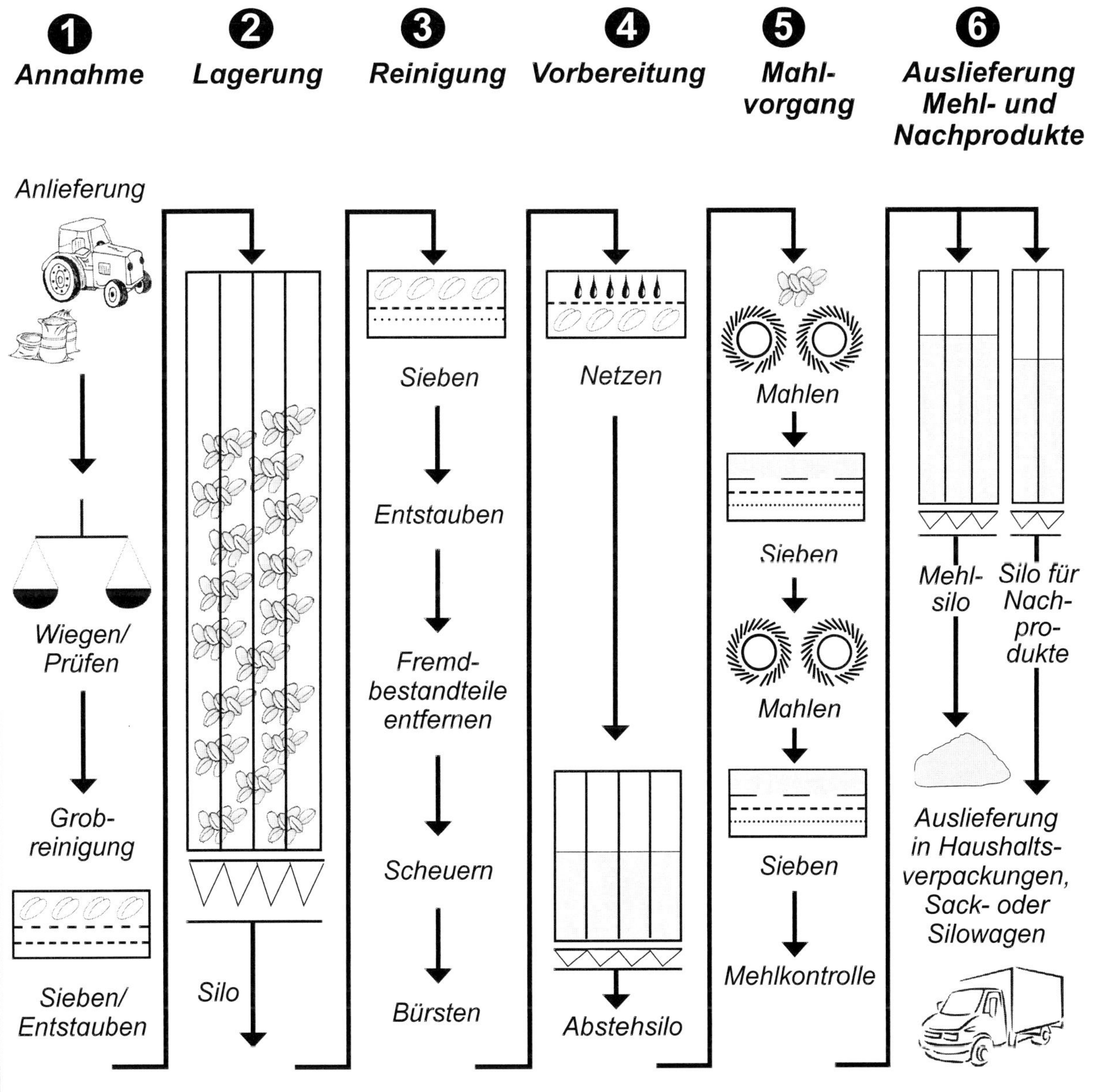

1 *Annahme*

Anlieferung → *Wiegen/Prüfen* → *Grobreinigung* → *Sieben/Entstauben*

2 *Lagerung*

Silo

3 *Reinigung*

Sieben → *Entstauben* → *Fremdbestandteile entfernen* → *Scheuern* → *Bürsten*

4 *Vorbereitung*

Netzen → *Abstehsilo*

5 *Mahlvorgang*

Mahlen → *Sieben* → *Mahlen* → *Sieben* → *Mehlkontrolle*

6 *Auslieferung Mehl- und Nachprodukte*

Mehlsilo / *Silo für Nachprodukte* → *Auslieferung in Haushaltsverpackungen, Sack- oder Silowagen*

Quelle: www.gutsgemeinschaft.de

EA

Aufgabe 15: *Beschreibe mit deinen Worten den Weg des Getreides vom Feld bis in den Supermarkt. Schreibe in dein Heft/in deinen Ordner.*

IX. Der Bäcker und das Brot

Der Beruf des Bäckers

Barbara Eckholdt / pixelio.de

Bäcker stellen Brot, Brötchen, Kuchen, feine Backwaren (z. B. Bienenstich) und Dauerbackwaren (z. B. Kekse, Zwieback etc.) her. Sie sind meistens in kleinen Bäckereien beschäftigt. Oft übernehmen sie dort auch den Verkauf. Weiterhin arbeiten Bäcker in industrialisierten Großbäckereien.
Ein Bäcker muss körperlich belastbar sein. Die Arbeit in Bäckereien beginnt in der späten Nacht oder am sehr frühen Morgen. Oft wird auch die Mehlstaubbelastung unterschätzt, der Bäcker ausgesetzt sind.
Die Ausbildung zum Bäcker / zur Bäckerin erfolgt in einer dreijährigen Ausbildung, die sich aus praktischen und theoretischen Bestandteilen zusammensetzt.

EA

Aufgabe 1: *Was stellt ein Bäcker her? Was stellt ein Konditor her? Finde 6 Beispiele.*

____

____

____

____

Der Bäcker früher und heute
Früher kaufte man Brot und Brötchen beim Bäcker. Im Laufe der Industrialisierung sind vermehrt Großbäckereien entstanden, die in sogenannten Backstraßen neben frischen Backwaren auch „Teiglinge“ herstellen. Die Bäckereien übernahmen das Aufbacken der Teiglinge und den Verkauf der Backwaren neben den eigenen Broten und Brötchen. Gleichzeitig wurden diese Backwaren als auch Fertigprodukte vermehrt in Supermärkten und Tankstellen angeboten. Aufgrund des zunehmenden Preisdrucks durch eine große Konkurrenz mussten in den letzten 20 Jahren viele kleine Bäckereien ihren Betrieb aufgeben. In den Vorstädten, den Bahnhöfen und großen Einkaufszentren haben sich Discounter durchgesetzt, die die Tiefkühlteiglinge im Verkaufsraum aufbacken.

Aufgabe 2: *Besucht eine Bäckerei. Informiert euch, welche Brotsorten dort gebacken und verkauft werden. Fragt nach, welche Getreidearten und Zutaten für jedes Brot verwendet werden. Schreibt es in eine Tabelle.*

Name des Brotes	Zutaten
Wiener Brot	*Weizenmehl, ...*

Lernwerkstatt VOM GETREIDEKORN ZUM BROT
Von den Getreidearten bis zur Geschichte des Brotes – Bestell-Nr. 11 089

IX. Der Bäcker und das Brot

Der Biobäcker

Günter Havlena / pixelio.de

Vor etwa 30 Jahren war „Bio“ noch nicht sehr gefragt. Es war damals üblich, Brötchen und Kuchen mit künstlichen Aromamitteln und Backhilfsmitteln schnell und kostengünstig anzufertigen. Aber immer mehr Leute wollten Brot ohne künstliche Zusatzstoffe. Das Korn sollte ohne Kunstdünger und Schädlingsbekämpfungsmittel gewachsen sein.

Der Biobäcker bevorzugt das traditionelle Handwerk. Jeder Teig wird nur mit frisch gemahlenem Bio-Vollkornmehl und natürlichen Zutaten geknetet und von Hand verarbeitet.

Interview mit dem Biobäcker

Frage: Woher beziehen Sie ihr Getreide?

Biobäcker: Unser Getreide kommt direkt von Bioland-, Naturland- und Demeter-Höfen aus der Gegend.

Frage: Wie unterscheidet sich Bio-Getreide von anderem Getreide?

Biobäcker: Auf diesen Bio-Höfen werden weder mineralische Dünger noch chemische Pflanzenschutz- und Schädlingsbekämpfungsmittel eingesetzt.

Frage: Es wird behauptet, Bio-Lebensmittel sind teuer. Stimmt das?

Biobäcker: Das ist so nicht richtig. Beim Weizenanbau werden z. B. kein Kunstdünger und auch keine giftigen Spritzmittel eingesetzt. Dadurch ist auch die Ernte geringer. Trotzdem muss der Bauer seinen Strom, sein Wasser und das Benzin bezahlen. Bei dem Bäcker ist es genauso, und die Angestellten wollen auch nicht weniger verdienen. Deshalb muss Bio-Brot etwas teurer sein. Dafür ist es gesünder und schmeckt besser. Und es macht auch länger satt als ein Brot aus einfachem Mehl.

Frage: Was wird bei Ihnen gebacken?

Biobäcker: Wir backen jeden Tag 10 verschiedene Brotsorten, 15 verschiedene Brötchen von der Semmel bis zum Rosinenbrötchen, und dazu noch viele handgemachte Croissants und Knabberstangen.

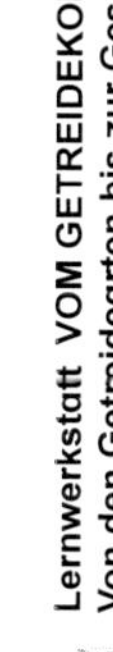

IX. Der Bäcker und das Brot

PA

Aufgabe 3: a) *Wodurch unterscheidet sich Bio-Getreide vom üblichen Getreide?*

b) *Warum müssen Bio-Produkte teurer sein?*

c) *Von welchen Höfen wird das Getreide für das Bio-Brot gekauft?*

d) *Beschreibe kurz, was der Biobäcker alles tun muss, bis das Korn vom Feld im Laden zum Verkauf liegt.*

Für alle verpackten Bioprodukte aus der EU ist diese Kennzeichnung verbindlich. Dazu gehören beispielsweise Biosaft, Biokäse, Biofleisch und Biobrot. Die Produkte müssen etwa zu mindestens 95 Prozent biologisch erzeugt sein, mit artgerechten Lebensbedingungen für Tiere und ohne den Einsatz giftiger Pflanzenschutzmittel hergestellt werden.

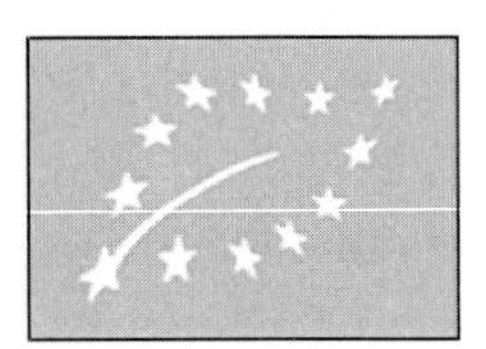

EA

Aufgabe 4: *Ist dieses neue Logo sinnvoll oder nicht? Begründe deine Meinung. Schreibe in dein Heft/in deinen Ordner.*

Lernwerkstatt VOM GETREIDEKORN ZUM BROT
Von den Getreidearten bis zur Geschichte des Brotes – Bestell-Nr. 11 089

IX. Der Bäcker und das Brot

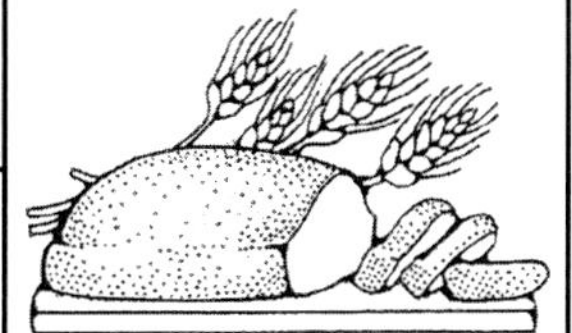

Die Brotsorten

Nirgendwo auf der Welt werden so viele verschiedene Brotsorten gebacken wie in Deutschland. Es sind über 300 verschiedene: Mischbrot, Graubrot, Mehrkornbrot, Weizenbrot, Dinkelbrot und viele mehr.
Brot kann man aus verschiedenen Sorten Mehl backen, zum Beispiel aus Weizenmehl, Roggenmehl oder Dinkelmehl. Natürlich lassen sich auch unterschiedliche Sorten Mehl mischen. Nimmt man nur Weißmehl, wird das Brot hell und locker, mit Vollkornmehl wird es würzig, dunkel und etwas fester.
Man kann auch ganze Körner hineintun oder Gewürze.

EA

Aufgabe 5:

Male mit verschiedenen Farben die Länder aus, aus denen die Brotsorten unten im Kasten herkommen.

Großbritannien:	Toastbrot
Frankreich:	Baguette
Italien:	Ciabatta
Deutschland:	Schwarzbrot
Österreich:	Wiener Brot
Schweden:	Knäckebrot
Türkei:	Fladenbrot

EA

Aufgabe 6: *Bilde zusammengesetzte Nomen (Substantive). Schreibe sie mit dem bestimmten Artikel (der, die, das) in dein Heft/in deinen Ordner. Findest du noch mehr Brotwörter?*

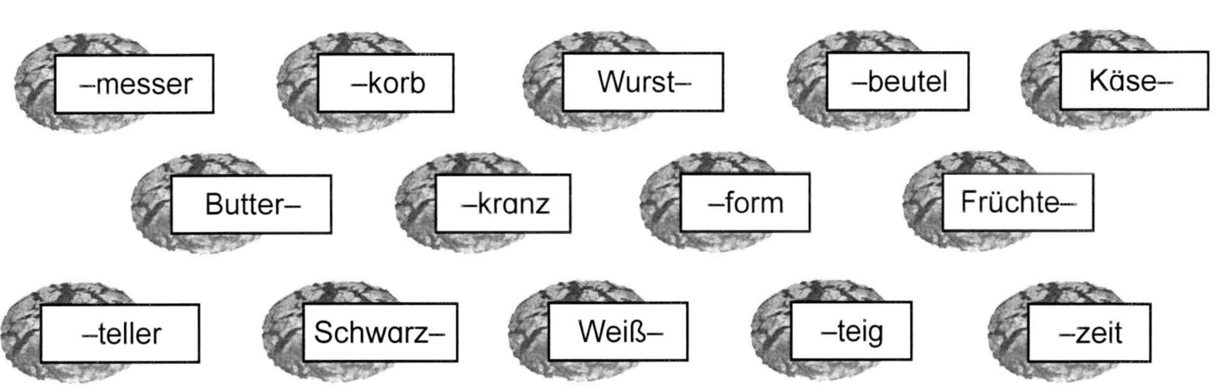

Lernwerkstatt VOM GETREIDEKORN ZUM BROT – Bestell-Nr. 11 089
Von den Getreidearten bis zur Geschichte des Brotes
KOHL VERLAG

IX. Der Bäcker und das Brot

Das Brötchen

EA

Aufgabe 7: *Wie ist das Brötchen wohl entstanden? Schreibe eine kurze Fantasiegeschichte. Hatte die Mutter den Streit um die Brotstücke leid, sodass sie für jeden ein Brötchen gebacken hat? Oder …?*

EA

Aufgabe 8:

a) *Welche Brötchensorten erkennst du hier? Schreibe sie in dein Heft/in deinen Ordner.*

b) *Welches Brötchen ist nicht doppelt vorhanden? Kreise es ein.*

Lernwerkstatt VOM GETREIDEKORN ZUM BROT
Von den Getreidearten bis zur Geschichte des Brotes – Bestell-Nr. 11 089

IX. Der Bäcker und das Brot

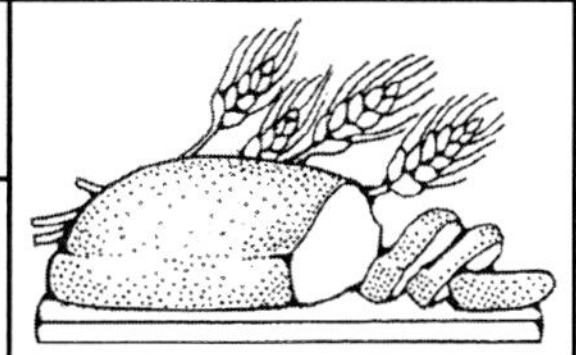

Brot backen – Grundwissen

Brot backen ist gar nicht so schwer, man braucht nur ein bisschen Zeit und Geduld. Und natürlich die Zutaten: Mehl, Wasser, Hefe oder Sauerteig und Salz.
Das alles muss man miteinander verkneten und dann den Teig an einem warmen Ort gehen lassen. Das bedeutet nicht, dass er wegläuft, sondern dass er größer und lockerer wird. Und das geschieht, indem man Sauerteig oder Hefe zugibt. Beides bildet nämlich Gasbläschen, wenn es schön warm ist: bei etwa 38 Grad Celsius können sie das am besten, also etwa im ganz leicht vorgewärmten Backofen oder unter einem Tuch in der Sonne. Wenn das Brot gebacken ist, sieht man die Gasbläschen noch als Poren.

Hefen (auch Bäckerhefe genannt) sind lebende Pilze, deren Zellen sich vermehren. In warmer und feuchter Umgebung machen sie aus Kohlenhydraten (dem Mehl) Alkohol und Kohlendioxid. Hefe nimmt man für Weizenbrote.

Sauerteig ist eigentlich nur Roggenmehl, das mit Wasser verrührt wurde. Zusammen lässt man das drei Tage im Warmen stehen, bis sich darauf Bakterien (Milch- und Essigsäurebakterien) und Pilze (Hefen) aus der Luft ansiedeln und der Teig säuerlich schmeckt. Sauerteig nimmt man vor allem für schweren, festen Brotteig, wie z. B. für Teig aus Roggenmehl.

Noch ein paar Tipps:

- Eine krosse Kruste schmeckt besonders lecker. Dazu muss der Backofen gut vorgeheizt sein, denn nur dann schließt sich die äußere Porenschicht schnell.
- Auch feuchte Luft im Ofen ist wichtig. Dafür stellt man eine flache Schale Wasser auf den Ofenboden.
- Nach dem Backen legt man das Brot (oder die Brötchen) auf ein Kuchengitter. So kann es von allen Seiten gut abkühlen.

EA

Aufgabe 9: *Schreibe eine kurze Anleitung, wie du ein gutes Brot backst. Was musst du beachten?*

___

___

___

___

Lernwerkstatt: VOM GETREIDEKORN ZUM BROT
Von den Getreidearten bis zur Geschichte des Brotes – Bestell-Nr. 11 089

IX. Der Bäcker und das Brot

Leckere Brotrezepte

Aufgabe 10: *Für 10 kleine Blumentopfbrote braucht ihr:*

- 800 g Weizenmehl
- 1 Päckchen Hefe
- ½ Teelöffel Zucker
- ½ Liter lauwarmes Wasser
- 100 g Sonnenblumenkerne
- Salz, Semmelbrösel, Sonnenblumenöl
- 10 neue Blumentöpfe Ø 8 cm, gut gespült

So geht´s:

Einen Teil des Mehls mit der Hefe und dem Zucker in eine Schüssel geben, mit $^{1}/_{8}$ Liter lauwarmen Wasser verrühren und 15 Min. gehen lassen. Restliches Mehl und Wasser hinzugeben, Salz hinzufügen, alles verkneten und ca. 1 Stunde gehen lassen. Dann die Sonnenblumenkerne unter den Teig kneten.
Die Blumentöpfe in der Zwischenzeit wässern. Den Teig in die gefetteten und mit Semmelbröseln ausgestreuten Blumentöpfe geben und diese in den kalten Backofen setzen.
Eine feuerfeste Schale mit kochendem Wasser darunter stellen und 50 Minuten bei 200° C (Heißluft 170° C) backen.

Aufgabe 11: *Für das süße Weizenbrot (Portugiesisches Brot) braucht ihr:*

- 500 g Mehl
- 50 g weiche Butter
- 1 Würfel Hefe
- 100 g Zucker
- $^{1}/_{4}$ Liter warme Milch
- 1 Prise Salz

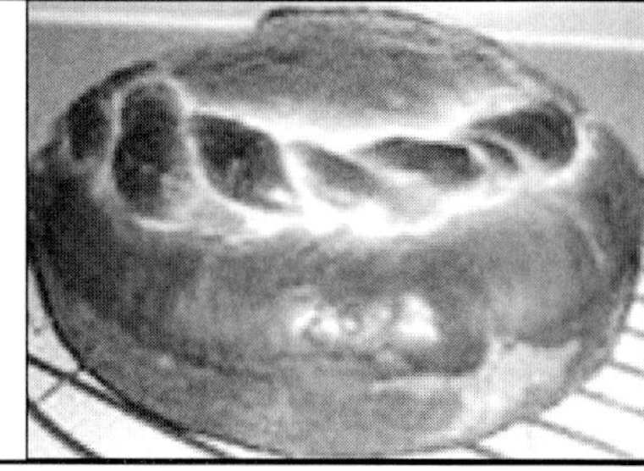

So geht´s:

Das Mehl in eine Schüssel sieben. Eine große Kuhle hineindrücken. Die lauwarme Milch hineingießen und da hinein die Hefe bröckeln. 1 TL Zucker dazugeben. Milch mit der Hefe, dem Zucker und ein wenig von dem Mehl vermengen. Zudecken und an einem warmen Ort etwa 15 Minuten stehen lassen.
Das Salz, den restlichen Zucker und die weiche Butter zugeben und alles gut verkneten. Der Teig sollte nicht zu klebrig, aber auch nicht zu fest sein.
Das Ganze noch einmal etwa 30 bis 45 Minuten gehen lassen.
Den Teig wieder verkneten und zu einem Brot formen. Auf ein mit Mehl bestäubtes Backblech (oder in eine Form) setzen und nochmals 30 Minuten gehen lassen.
Das Brot bei 200° C etwa 45 Minuten backen. In den Ofen eine kleine feuerfeste Schüssel mit Wasser stellen.
Das Brot auf einem Kuchengitter abkühlen lassen und erst dann anschneiden.

IX. Der Bäcker und das Brot

EA

Aufgabe 12: *Ordne die folgenden Wörter in die Tabelle ein. Achte dabei auf die Groß- und Kleinschreibung.*

HAFER – KNETEN – GESUND – MAHLEN – SÄEN – WEIß – ERNTEN – ÄHRE – LECKER – BROT – WACHSEN – BAUER – REIF – BACKEN – KORN – GOLDGELB – SCHWER – ESSEN – FEIN – LEBEN – FELD – MEHL – DICK – WINTER

Nomen (Namenwörter)	Verben (Tunwörter)	Adjektive (Wiewörter)

EA

Aufgabe 13: *Kreuze die richtigen Sätze an. Lies die Buchstaben hinter den richtigen Antworten von oben nach unten. Du erhältst ein Lösungswort!*

		richtig		*falsch*
1.	Der Bauer hat einen Traktor mit einer Säge daran.		E	
2.	Er schüttet Getreide in die Sämaschine.		S	
3.	Die Sämaschine zerquetscht die Körner.		T	
4.	In der Erde keimt das Mehl.		A	
5.	Aus jedem Korn wächst eine rote Blume.		K	
6.	Der Mähdrescher schneidet die Halme ab.		O	
7.	Diese Maschine sammelt auch gleich die Körner.		M	
8.	In der Mühle werden die Körner gemahlen.		M	
9.	Der Müller macht aus dem Mehl Brotteig.		Z	
10.	Das schwarze Mehl lagert in Säcken.		E	
11.	Der Bäcker backt Wurst aus dem Mehl.		R	
12.	Der Bäcker macht einen Teig aus dem Mehl.		E	
13.	Im Backofen werden Brötchen gebacken.		R	

Lösungswort:

____

Lernwerkstatt VOM GETREIDEKORN ZUM BROT – Bestell-Nr. 11 089
Von den Getreidearten bis zur Geschichte des Brotes
KOHL VERLAG

X. Klassenprojekte

Projekt 1: *Zum Abschluss des Themas Getreide können zu jeder Getreideart Portfolios erstellt werden. Jeweils 3–4 Schüler bearbeiten eine Getreideart. Die Schüler ziehen die folgenden Karten verdeckt.*

Weizen	Hafer	Gerste	Roggen	Hirse	Mais	Reis

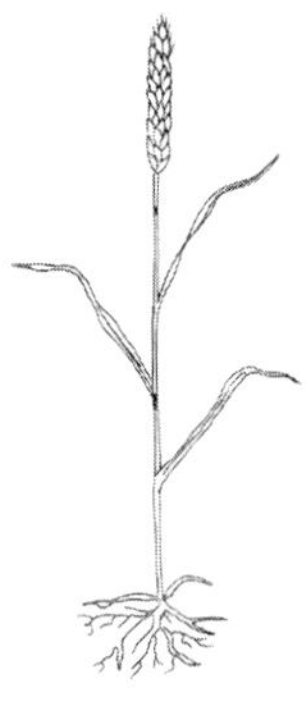

Zum Portfolio gehören:

- die verschiedenen Arten des Getreides (z. B. Hartweizen, Weichweizen, Dinkel, ...)
- das Aussehen von Pflanze und Körnern
- die Anbauanforderungen (wie müssen Boden und Klima sein?)
- die Anbaugebiete
- die Verwendungszwecke und Produkte

Die fertigen Werke werden der ganzen Klasse vorgestellt. Vielleicht erstellen die Verfasser auch noch einen Fragebogen für ihre Mitschüler?

Projekt 2: *Anstelle eines Portfolios kann auch eine Collage erstellt werden. Bilder und Getreidehalme lassen sich auf einer großen Pappe gut zusammenstellen. Die Gruppen- und Aufgabeneinteilung erfolgt wie oben.*

Das Frühstücksbüffet

Zum Abschluss des Projekts kann ein gemeinsames Frühstück geplant werden.
Unten ist aufgeführt, was man so alles braucht. Jeder Schüler bekommt einen der Zettel, auf dem notiert ist, was er mitbringen soll.
Für jeden Schüler sollten ein Brötchen und Brot vorgesehen werden. Natürlich müssen auch Teller, Messer, Löffel fürs Müsli, Gläser oder Becher mitgebracht werden. Besonders gut wird das Frühstück mit selbstgebackenen Broten (Rezepte s. Seite 68). Und dann: Guten Appetit!

__ Mohnbrötchen	__ Sesambrötchen	__Roggenbrötchen	__ norm. Brötchen	__ Körner-Brötchen	__ Milchbrötchen	__ Rosinenbrötchen
Schwarzbrot	Körnerbrot	Graubrot	Dinkelbrot	Müsli	Bananen	Tomaten
Salami	Geflügelwurst	Marmelade	Gurke	Nuss-Nougat-Creme	Frischkäse	Schnittkäse
Milch	Orangensaft	Mineralwasser	Apfelsaft	Milch	Butter	Margarine

Lernwerkstatt VOM GETREIDEKORN ZUM BROT
Von den Getreidearten bis zur Geschichte des Brotes – Bestell-Nr. 11 089

XI. Rätseln, Basteln und Experimentieren

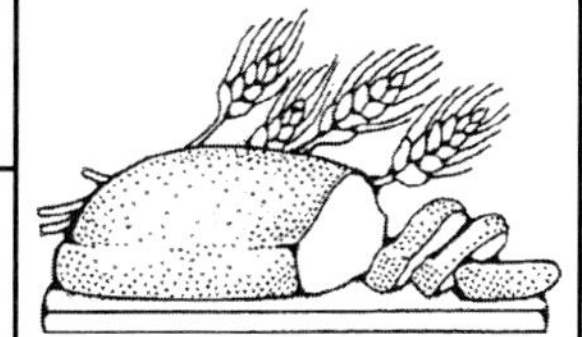

Kreuzworträtsel zum Getreide

Aufgabe 1: *Fülle die grau markierten Felder richtig aus.*

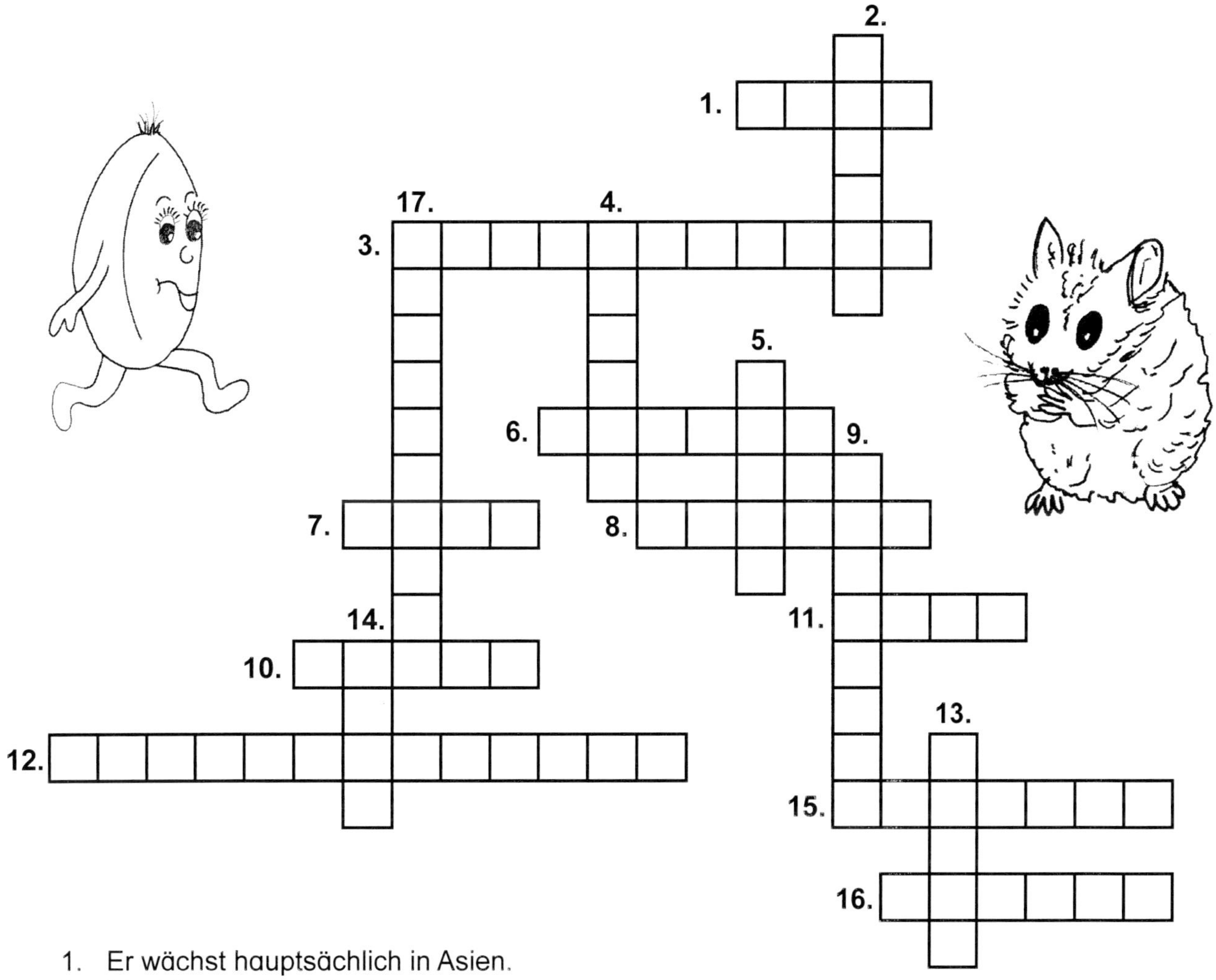

1. Er wächst hauptsächlich in Asien.
2. Ein „Verwandter“ des Weizens.
3. Damit wird heute das Getreide geerntet.
4. Getreideart mit Grannen.
5. Damit schnitt man früher das Getreide.
6. Aus diesem Getreide werden Nudeln hergestellt.
7. Ein Hauptnahrungsmittel.
8. Hafer hat keine Ähren, sondern …
9. Daraus wächst die neue Pflanze.
10. Viele Körner bilden die …
11. Daraus kann man Popcorn machen.
12. Er stärkt den Halm, damit er nicht umknickt.
13. Flocken, die oft im Müsli sind.
14. Er trägt die Ähre oder Rispe.
15. Besonders lange … hat die Gerste.
16. Dieses Getreide braucht man meistens zur Bierherstellung.
17 Worin finden wir Kohlenhydrate, die uns Kraft, Energie und Ausdauer liefern?

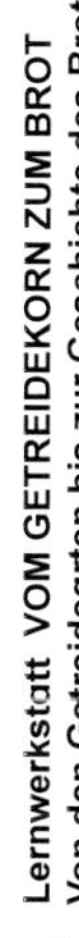

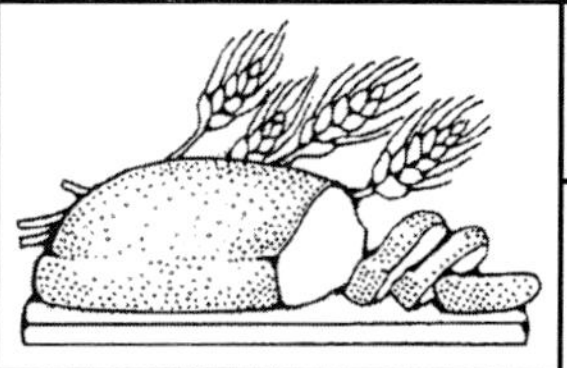

XI. Rätseln, Basteln und Experimentieren

Ein Getreidedomino basteln

PA

Aufgabe 2: *Klebt das Blatt auf eine Pappe. Schneidet die Bild-/Textpaare aus. Zu jedem Bild folgt auf dem nächsten Kärtchen das Wort. Mischt nun die Karten. Bringt ihr die Reihe richtig zusammen?*

Anfang	 Weizen	 Sense 
Garbe	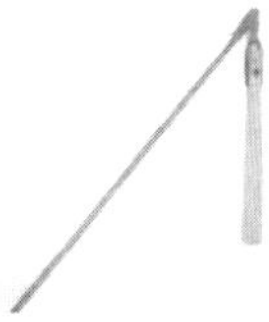 Dresch-flegel	 Roggen 
Brot	 Hafer	 Pflug 
Mais	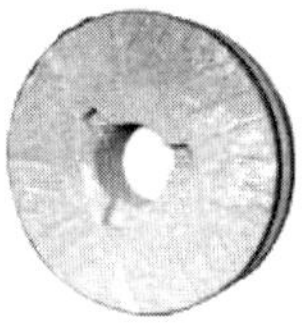 Mühlstein	 Gerste 
Heugabel 	 Traktor 	 Mäh-drescher  
Wind-mühle 	Getreide-silo 	Maus
Nudeln	 Bäcker	Brötchen — Ende

Lernwerkstatt VOM GETREIDEKORN ZUM BROT
Von den Getreidearten bis zur Geschichte des Brotes – Bestell-Nr. 11 089

XI. Rätseln, Basteln und Experimentieren

Wir lassen Getreide wachsen

Versuch 1: *Im Schulgarten werden Ende April Sommergetreidesorten von Gerste, Hafer, Roggen und Weizen auf je 1 qm² ausgesät. Beobachtet über einen Zeitraum von 6 Wochen und notiert jeweils das Wachstum der Getreidesorten sowie die klimatischen Bedingungen, also Niederschlagsmenge und Tageshöchst- bzw. Tiefsttemperaturen (s. Beispiel unten).*

	Getreideart:		
	Datum	Wetter	Größe, Blätter ...
1.			
2.			
3.			
4.			
5.			
6.			

EA

Versuch 2: **Weizen in der Blumenschale**

Das brauchst du:

- einen Blumentopf (oder eine Schale)
- Erde
- Weizenkörner
- eine Gießkanne
- ein Blatt um deine Beobachtungen aufzuschreiben
- ein Namensschild für deine Schale

So geht´s:

1. Du füllst den Blumentopf mit Erde.
2. Dann streust du eine Hand voll Weizenkörner auf die Erde.
3. Die Körner bedeckst du dann mit ein wenig Erde.
4. Stelle den Blumentopf an einen warmen Ort und achte darauf, dass die Erde immer feucht ist.
5. Beobachte den Topf jeden Tag und schreibe auf, was du siehst.

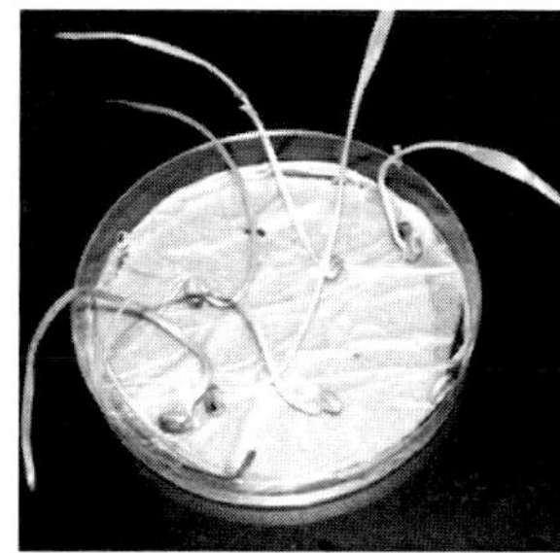

Das Blatt für deine Beobachtungen könntest du so gestalten:

Datum	Was ich schon sehe

Du kannst auch noch Zeichnungen auf deinem Blatt einfügen.

XI. Rätseln, Basteln und Experimentieren

GA

Aufgabe 3: Collage Getreidefeld

Collage der Klasse 3 b der Grundschule Hessisch Lichtenau

Ihr braucht:

- eine dicke, helle Pappe, etwa DIN A 3 groß
- verschiedene Getreidehalme
- Deckfarben, Pinsel, Bleistift, Schere, Alleskleber

So geht´s:

- Zeichnet einen Entwurf für euer Bild. Überlegt, wo ihr die Getreidehalme anordnen wollt, wie lang sie sein sollen ...
- Malt den Hintergrund auf eure Pappe (Himmel, Erde, vielleicht ein paar Blumen oder Vögel, Schmetterlinge, Mäuse, Hamster, ...)
- Lasst das Bild vollständig trocknen.
- Nun klebt ihr wie im Entwurf geplant eure Getreidehalme auf.
- Wieder gut trocknen lassen.
- Gibt es in eurer Kollage noch leere Stellen? Fügt noch einige Blätter, Getreidekörner, Wolken, ... ein.

EA

Aufgabe 4:

Male das Mandala aus.

Lernwerkstatt VOM GETREIDEKORN ZUM BROT
Von den Getreidearten bis zur Geschichte des Brotes – Bestell-Nr. 11 089
KOHL VERLAG

XI. Rätseln, Basteln und Experimentieren

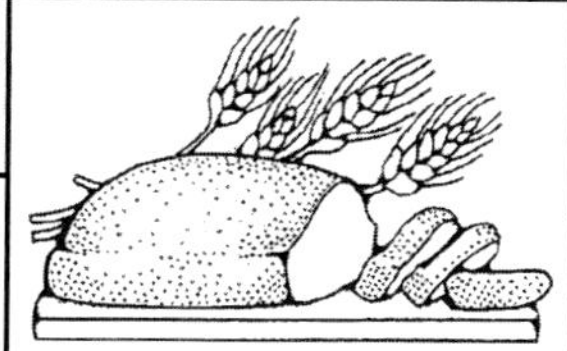

Grimms Märchen „Der Bauer und der Teufel“

EA

Aufgabe 5: **a)** *Lies die folgende Geschichte aufmerksam.*

Es war einmal ein kluges und verschmitztes Bäuerlein, von dessen Streichen viel zu erzählen wäre, die schönste Geschichte ist aber doch, wie er den Teufel einmal dran gekriegt und zum Narren gehabt hat.

Das Bäuerlein hatte eines Tages seinen Acker bestellt und rüstete sich zur Heimfahrt, als die Dämmerung schon ein getreten war. Da erblickte er mitten auf seinem Acker einen Haufen feuriger Kohlen, und als er voll Verwunderung hinzu ging, so saß oben auf der Glut ein kleiner schwarzer Teufel.

„Du sitzest wohl auf einem Schatz,“ sprach das Bäuerlein.

„Jawohl,“ antwortete der Teufel, „auf einem Schatz, der mehr Gold und Silber enthält, als du dein Lebtag gesehen hast.“

„Der Schatz liegt auf meinem Feld und gehört mir,“ sprach das Bäuerlein.

„Er ist dein,“ antwortete der Teufel, „wenn du mir zwei Jahre lang die Hälfte von dem gibst, was dein Acker hervorbringt: Geld habe ich genug, aber ich trage Verlangen nach den Früchten der Erde.“

Das Bäuerlein ging auf den Handel ein.

„Damit aber kein Streit bei der Teilung entsteht, sprach es, „so soll dir gehören, was über der Erde ist und mir, was unter der Erde ist.“

Dem Teufel gefiel das wohl, aber das listige Bäuerlein hatte Rüben gesät. Als nun die Zeit der Ernte kam, so erschien der Teufel und wollte seine Frucht holen, er fand aber nichts als die gelben welken Blätter, und das Bäuerlein, ganz vergnügt, grub seine Rüben aus.

„Einmal hast du den Vorteil gehabt,“ sprach der Teufel, „aber für das nächstemal soll das nicht gelten. Dein ist, was über der Erde wächst und mein, was darunter ist.“

„Mir auch recht,“ antwortete das Bäuerlein.

Als aber die Zeit zur Aussaat kam, säte das Bäuerlein nicht wieder Rüben, sondern Weizen. Die Frucht ward reif, das Bäuerlein ging auf den Acker und schnitt die vollen Halme bis zur Erde ab. Als der Teufel kam, fand er nichts als die Stoppeln und fuhr wütend in eine Felsenschlucht hinab.

„So muss man die Füchse prellen,“ sprach das Bäuerlein, ging hin und holte sich den Schatz.

Märchen der Brüder Grimm

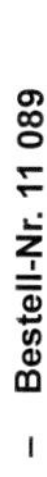

Lernwerkstatt VOM GETREIDEKORN ZUM BROT
Von den Getreidearten bis zur Geschichte des Brotes – Bestell-Nr. 11 089
KOHL VERLAG

a) *Mit welcher List trickste der Bauer den Teufel aus?*

b) *Male den Bauern und den Teufel bei ihrem ersten Treffen.*

XII. Die Lösungen

Kapitel I

1.) **a)** Getreide wurde gemahlen und mit Wasser verrührt als Brei gegessen.
b) Der Bau von Backöfen und die Wirkung der Hefe.
c) aus Ägypten
d) Es gab Gemeinschaftsbacköfen oder Backhäuser.

2.)

				4.						
			8.	S	T	E	I	N	E	N
		1.		A		2.				6.
		K		U		F				B
5.	R	Ö	M	E	R	L				A
		R		R		A				C
		N		T		D				K
3.	H	E	F	E	T	E	I	G		H
		R		I		N				Ä
				G		B				U
						R				S
	7.	B	A	C	K	O	F	E	N	E
						T				R

Kapitel II

1.) Der Reihe nach: Kartoffeln, Nudeln, Reis, Brot, Brötchen

Kapitel III

1.) Die Namen der Reihe nach: Roggen, Gerste, Hafer, Weizen

3.) Weizen: Arten: Hartweizen, Weichweizen, Dinkel; Anbaugebiete: Nordamerika, Europa; Aussehen: Ähre ohne Grannen; Verwendung: Brot, Brötchen, Nudeln, Gries

Roggen: Herkunft: Kleinasien; Anbaugebiete: Deutschland, Polen, Russland; Aussehen: Ähre mit kurzen Grannen; Verwendung: Brot, Kaffeeersatz, Schnaps

Gerste: Herkunft: Asien; Anbaugebiete: alle Erdteile; Aussehen: Ähre mit langen Grannen; Verwendung: Bier, Whisky, Malzkaffee, Futter

Hafer: Herkunft: Osteuropa; Anbaugebiete: um die Ostsee, Nordamerika, Kanada, Australien; Aussehen: Rispe; Verwendung: Haferflocken, Futter

Mais: Arten: Futtermais, Gemüsemais; Anbaugebiete: USA, bei uns Futtermais; Aussehen: goldgelber Kolben; Verwendung: Öl, Cornflakes, Popcorn, Futter

Reis: Arten: etwa 8.000, Langkorn, Rundkorn; Anbaugebiete: Asien, USA, Norditalien; Aussehen: Rispe; Verwendung: Risotto, Beilage, Eintöpfe, Suppen

Hirse: Arten: Rispenhirse, Kolbenhirse; Anbaugebiete: Afrika, Asien, (Indien, China); Aussehen: Rispe oder Kolben; Verwendung: Verzehr als Brei, Vogelfutter

4.) Elfchen: z. B.: Sonnig – das Feld – liegt am Hügel – Ich sehe den Hafer – Ernte

Kapitel IV

1.) **a)** Einkorn, Emmer, Dinkel
b) Weizen ist auf der ganzen Welt verbreitet.
c) Der Weizen braucht mittelwarmes Klima und feuchte Böden.

2.) **a)** Kleinasien; **b)** Deutschland, Russland, Polen; **c)** Schwwarzbrot, Pumpernickel; **d)** Roggen

3.) **a)** In Europa wird Hafer rund um die Ostsee angebaut.
b) Hafer hat eine Rispe anstelle der Ähre.
c) Säuglings- und Kindernahrung, Haferflocken, Pferdefutter

4.) **a)** Ägypter, Griechen, Römer, Chinesen
b) Gerste bildet viel Schleim.
c) Schleim ist gut bei Magen- und Darmentzündungen.
d) Malz, Graupen, Bier, Whisky

5.) **a)** 5000 Jahre, **b)** 8000 Sorten, **c)** 3,5 bis 8 Monate, **d)** Asien, Amerika, Norditalien

6.) richtig: 2, 4, 5

7.) **a)** Afrika und Asien
b) Hirse braucht viel Wärme, wenig Wasser.
c) Hafer
d) Vogelfutter: Kolbenhirse; unsere Ernährung: Rispenhirse

XII. Die Lösungen

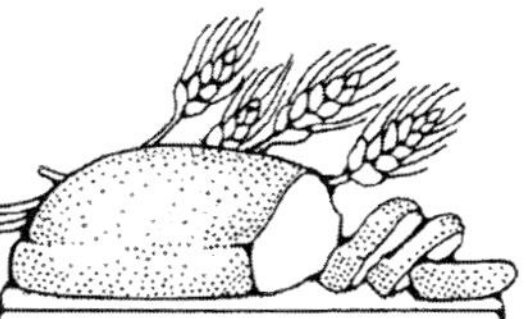

Kapitel IV

8.)

E	T	R	G	A	N	O	S	K	H	L	B	E	R	F
J	H	E	U	G	H	E	M	O	I	D	Z	L	K	E
W	E	I	Z	E	N	X	A	G	R	E	H	R	W	S
V	U	S	E	R	A	M	I	P	S	S	A	D	A	I
A	G	E	L	S	E	L	S	K	E	G	F	E	I	H
K	E	I	F	T	B	F	E	A	V	U	E	K	Y	Q
R	O	G	G	E	N	U	I	P	K	N	R	I	J	E
R	U	J	A	D	H	S	Z	I	W	N	P	T	A	M

9.) Hamsterweg: Nr. 1 – b, Nr. 2 – d, Nr. 3 – c, Nr. 4 – a

10.) z. B.: 1: Steg, Gries, Geier, Meise, Reise, Riese, Most; 2: mahlen, Wein, einmal, zahm, Walze
3: Wal, Eis, Affe, Riese, Weise, leise, Reise, Wiese; 4: faul, null, Nadel, Land, Affe; 5: Bild, dick, Bein, lieben

Kapitel V

1.) Weizen: Brot, Brötchen, Nudeln; Dinkel: Brot und Brötchen; Roggen: Brot und Brötchen; Gerste: Graupen, Bier; Hafer: Haferflocken; Reis: Risotto, Milchreis; Mais: Polenta, Popcorn; Hirse: Hirsebrei

2.) 1: Reiswaffeln, Reis/Beilage, 2: Schwarzbrot, Pmpernickel, 3: Cornflakes, Popkorn, 4: Haferflocken, 5: Weißbrot, Kuchen

3.) der Reihe nach: Mehlkörper, Keimling, Mehlkörper, Keimling, Schale, Keimling, Schale, Schale, Keimling

4.)
- **a)** 1. Brot, Brötchen, Nudeln, Reis; 2. Obst und Gemüse; 3. Fisch, Fleisch, Eier, Käse; 4. Eis, Süßigkeiten, Butter
- **b)** Am meisten solltest du die Lebensmittel der Gruppen 1 und 2 essen: Brot, Reis, Kartoffeln, Nudeln, Obst und Gemüse.
- **c)** von 4: Eis, Süßigkeiten, Butter ...

Kapitel VI

1.) Mais – Kolben, Gerste – Ähre, Hafer – Rispe, Roggen – Ähre, Weizen – Ähre, Reis – Rispe

2.) links vom Halm von oben nach unten: Grannen, Körner, Stängelknoten, Stängel;
rechts vom Halm von oben nach unten: Ähre, Blätter, Wurzel

3.) Bestandteile: 1. Getreideschale, teilt sich in Frucht- und Samenschale, Inhaltsstoffe: Ballaststoffe, Vitamine, Eiweiß, Mineralstoffe
Bestandteile: 2. Mehlkörper, Inhaltsstoffe: Stärke und Eiweißstoff (Gluten)Kleber
Bestandteile: 3. Keimling, daraus entsteht die neue Getreidepflanze, Inhaltsstoffe: Fett, Eiweiß, Mineralstoffe, Vitamine

4.)
- **a)** z. B.: Der Getreidehalm (Weizen, Gerste, Roggen, Hafer) ist hohl. Er wird durch Knoten verstärkt. An den Knoten setzen die Blätter an.
- **c)** z. B.: Weizen, Roggen, Gerste: Die Körner bilden eine Ähre. Manche Ähren haben kurze oder längere Grannen. Hafer: Die Körner sitzen an deutlich gestielten und verzweigten Seitenästchen und bilden eine Rispe.
- **f)** z. B.: Das richtet sich nach den Getreidearten, wie auch Halm und Ähre. Hafer, Roggen, Weizen, Gerste: bräunliche Körner, etwa 0,5 cm lang, durch eine Furche zweigeteilt; Mais: gelbe, kantige Körner; Reis: hellbraun bis weiß; Hirse: gelb-braune Kügelchen

5.)
- **a)** Gluten ist wichtig für die Backeigenschaften des Mehls.
- **b)** Gerste, Hirse und Hafer enthalten keine Gluten.

6.) ein Pilz, schwarz, gefährlich

7.)
1. Oktober bis November wird das Getreide gesät.
2. Mit Hilfe von Wasser und Wärme keimt das Getreidekorn.
3. Nach 2 – 3 Wochen durchbricht der Keim die Erde.
4. Bei einer Pflanzenhöhe von 5 cm beginnt die Überwinterung.
5. Roggen und Weizen können Frost bis zu –20° C aushalten.
6. Im Frühjahr wächst das Getreide weiter.
7. Von März bis Juni wächst die Pflanze und bildet die Ähre.
8. Die Ähre kann bis zu 60 Körner enthalten.
9. Im Juni ist das Wachstum beendet. Die Felder werden gelb.
10. Die Pflanzen sterben ab. Die Körner in den Ähren trocknen.
11. Juli oder August erntet der Mähdrescher das Getreide.
12. Das Stoppelfeld wird umgepflügt.

8.)

9.)

1. Pflug 2. Egge/Drillmasch. 3. Miststreuer 4. Spritzgerät 5. Mähdrescher 6. Ballenpresse

KOHL VERLAG
Lernwerkstatt VOM GETREIDEKORN ZUM BROT
Von den Getreidearten bis zur Geschichte des Brotes – Bestell-Nr. 11 089

XII. Die Lösungen

Kapitel VI

10.) **a)** Kreiselegge und Drillmaschine
b) Wasser, Wärme, Nährstoffe
c) Mist, Jauche, Gülle
d) Pilze und Käfer sowie andere kleine Tiere können dem Getreide schaden
e) Im Juli oder August wird das Getreide geerntet
f) Mähdrescher
g) Das Stroh bleibt als Dünger liegen oder es wird gepresst und als Einstreu verwendet.

11.) **a)** Der Bauer brauchte den Pflug mit Ochsen oder Pferden, eine Sense zum Mähen, den Pferdewagen zum Transport, den Dreschflegel. Arbeiten musste die ganze Familie, Knechte und Mägde – so viele Leute wie möglich.
b) Der Bauer braucht Kreiselegge und Drillmaschine, einen Spritzwagen und den Mähdrescher. Ein oder zwei Arbeitskräfte reichen aus.

12.) Die Pflanzen der Reihe nach: Kornblume (blau), Kamille (weiß, gelb), Mohn (rot), Wegwarte (hellblau), Schafgarbe (weiß)

13.) Das Wildkaninchen – Lebensraum: Wald, Feld, Wiese, lebt in Gesellschaft; Größe und Gewicht: bis 45 cm, bis 2 kg; Alter: 5 – 6 Jahre, höchstens 9 Jahre; Feinde: Füchse, Eulen und Greifvögel
Die Feldmaus – Lebensraum: Felder, Waldränder, Gärten; Größe und Gewicht: 10 cm + 4 cm Schwanz, bis zu 30 g; Alter: etwa 2 Jahre; Feinde: Katzen, Eulen, Greifvögel
Der Feldhamster – Lebensraum: Getreide- und Rübenfelder, Einzelgänger, Höhlen unter der Erde; Größe und Gewicht: 20 – 30 cm, ca. 300 g; Alter: etwa 1 – 2 Jahre; Feinde: die Menschen
Das Rebhuhn – Lebensraum: Hecken, Felder, Ackerränder, lebt in Familien mit den Jungen; Größe und Gewicht: 30 cm, 400 g; Alter: 2 – 3 Jahre

14.) Der Kornkäfer frisst das Getreide von innen her auf. Der Mehlkäfer ernährt sich von Mehl und Mehlprodukten. Das Getreidehähnchen frisst die Blätter des Getreides. Die Feldmaus frisst die ganzen Körner und legt auch Vorräte für den Winter an.

Kapitel VII

1.) Am besten ist Vollkornmehl, weil darin die meisten Mineralstoffe enthalten sind.

2.)
- Type 610 (Roggenfeinmehl)
- Type 815 (helles Brotmehl)
- Type 997 (Graubrot-, Mischbrotmehl)
- Type 1150 (Brotmehl)
- Type 1370 (Kommissmehl)
- Type 1740 (dunkles Brotmehl)
- Type 1800 (Roggenbackschrot)

Je höher die Typenzahl, umso dunkler das Mehl.

4.) **a)** z. B.: Wir schlagen mit einem Holzklotz/Gummihammer auf die Ähren, bis sich die Körner lösen und herausfallen.
b) z. B.: Mahlsteine: grob und ungleich gemahlen; Mörser: grob und ungleich gemahlen; Handmühle: etwas feiner und gleichmäßig gemahlen; Elektrische Mühle: ziemlich fein und gleichmäßig gemahlen
c) z. B.: Das selbstgemahlene Mehl ist insgesamt gröber und dunkler.

Kapitel VIII

4.) **a)** Die Windmühle steht in Geldern am Niederrhein.
c) Die Städte Krefeld und Duisburg liegen in der Nähe.
d) Der Verkauf von Brot und Kuchen sowie Entrittsgelder tragen zum Erhalt der Mühle bei.

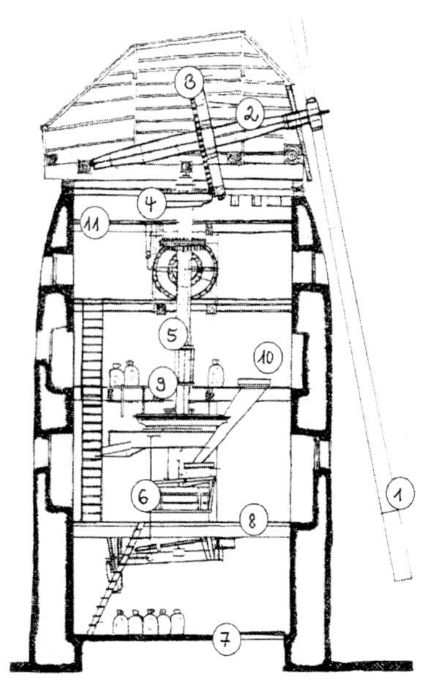

5.) **a)** *s. Zeichnung rechts*
b)
1. Flügel: Durch den Wind angetrieben, drehen sich die Flügel. Dadurch wird die Flügelwelle in Gang gesetzt.
2. Flügelwelle: Durch die Flügelwelle wird das Kammrad angetrieben.
3. Kammrad: Die Zähne des Kammrads greifen in die des Kronrads.
4. Kronrad: Das Kronrad treibt die Königswelle an.
5. Königswelle: Die Königswelle überträgt die Kraft nach unten. Zwei weitere Zahnräder bewegen die Spindelräder. An den Spindeln schließlich sitzen die Mühlsteine.
6. Mühlsteine: Die Mühlsteine mahlen das Getreide zu Mehl.
7. Mehlboden: Dort wird das Getreide angeliefert und das Mehl abgeholt.
8. Steinboden: Darauf befinden sich die Mahlsteine.
9. Getreideboden: Hier herauf muss das Getreide zum Mahlen.
10. Korntrichter: Dort wird das Getreide zum Mahlen hinein gegeben.
11. Kappenboden: Er trägt die drehbare Haube der Mühle.

XII. Die Lösungen

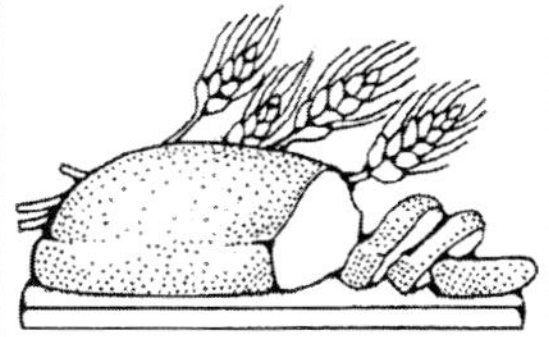

Kapitel VIII

6.)

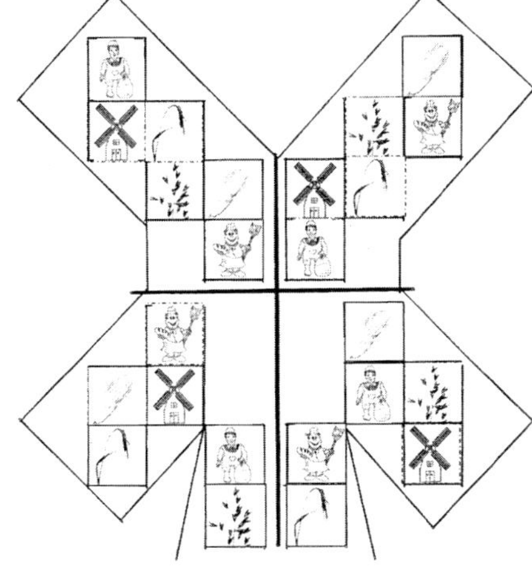

7.) **b)** Die Reimwörter der Reihe nach: Streich, schneiden, Maltersäcke, rinnen, lichter, Getreide, Lumpenpack, Mühle, kann, Bösewichter, Geknacke, Stücken, Federvieh

8.) **a)** Der Müller musste die Mühle sauber halten, die Mühlsteine nachschärfen und nötige Reparaturen ausführen. Er musste auch die Gesellen im Auge behalten, die Annahme des Korns und die Abgabe des Mehls überprüfen.
b) Das „gehende Zeug“ sind die Mühlsteine, die Mühlräder, die Technik der Mühlen.
c) Das Kerbholz war eine Art Quittung für den Müller und den Bauern.
d) Scheffel war bis 1872 ein Hohlmaß für Getreide. Die Menge war je nach Land unterschiedlich definiert.
e) Der Lohn des Müllers war die „Metze“, der sechzehnte Teil des Getreides.

9.) **a)** Winkel, Zirkel, Zahnrad/Mühlstein, Herz

10.) **a)** z. B.: Burgmüller – die Mühle gehörte zu einer Burg; Teichmüller – die Mühle lag an einem Teich; Holzmüller – die Mühle war ganz aus Holz gebaut; Neumüller – die Mühle war neu
b) z. B.: Fischer, Glaser, Seiler, Radmacher, Holzbauer, Schlosser, Schneider, Korbmacher, Fuhrmann

12.)
1. Die Luft ist kühl, es weht der Wind. Der Bauer zieht zur Mühl‘ geschwind.
2. Ei, denkt der brave Bauersmann, da bind‘ ich meinen Esel an.
3. Der böse Müller hat‘s gesehn und lässt sogleich die Mühle gehn.
4. Den Esel zieht es fort, o Graus. Der Müller guckt zum Loch heraus.
5. Am Schwanz hängt sich der Bauer an, was ihm jedoch nicht helfen kann.
6. Denn sieh! Die Haare halten nicht. Bumbs, liegt er da, der arme Wicht.
7. Der Müller aber mit Vergnügen sieht in der Luft den Esel fliegen.
8. Indessen haut dem Bäuerlein ein Flügel an das rechte Bein.
9. Jetzt endlich bleibt die Mühle steht. Doch um den Esel ist‘s geschehn.
10. Hier siehst du nun auf einem Karr‘n den Abgeschied‘nen heimwärts fahrn.
11. Und als der Bauer kam nach Haus, fuhr seine Frau zur Tür heraus,
12. mit einem Besen groß und lang macht sie dem Bauern angst und bang.
13. Der Bauer nimmt die Säge und wehrt sich ab die Schläge.
14. Ein Sägezahn trifft ganz genau ins Nasenloch der Bauersfrau.
15. Die Nase blutet fürchterlich, der Bauer denkt: „Was kümmert‘s mich?“
16. Zur Mühle geht der Bauersmann und fängt sogleich zu sägen an.
17. Racksknacks. Da bricht die Mühle schon – das war des bösen Müllers Lohn.
18. Der böse Müller aber kroch schnell aus dem off‘nen Mühlenloch.

14.) **a)** Getreidemühle, Schälmühle, Gewürzmühle, Ölmühle, Futtermühle
b) „Gut gereinigt ist halb gemahlen.“
c) Walzenstühle, Sieb- und Sortiermaschinen, Grießputzmaschinen, Mischmaschinen

Kapitel IX

1.) Ein Bäcker stellt Brot, Bötchen und Kuchen her, z. B. Mohnbrötchen, Bauernbrot, Weißbrot, Schwarzbrot, Hefeteilchen, Sesamstangen; Ein Konditor stellt Torten und Kuchen, Gebäck und Pralinen her, z. B. Käse-Sahne-Torte, Schwarzwälder-Kirsch-Torte, Schokoladentrüffel, Eistorte, Marzipantorte, Nusstorte

3.) **a)** Biogetreide wird nicht mit chemischen Pflanzenschutz- oder Schädlingsbekämpfungsmitteln gespritzt, es wird auch kein mineralischer Dünger eingesetzt.
b) Weil auch die Ernte geringer ausfällt.
c) von Demeter, Naturland, oder Bioland-Höfen
d) Getreideeinkauf, Lagerung, Kontrolle, Mahlen, Rezepte erstellen, Arbeit verteilen, Sauerteig neu ansetzen, Teig kneten und formen, Backofen kontrollieren, fertige Brote testen

Lernwerkstatt VOM GETREIDEKORN ZUM BROT
Von den Getreidearten bis zur Geschichte des Brotes – Bestell-Nr. 11 089

XII. Die Lösungen

Kapitel IX

5.)

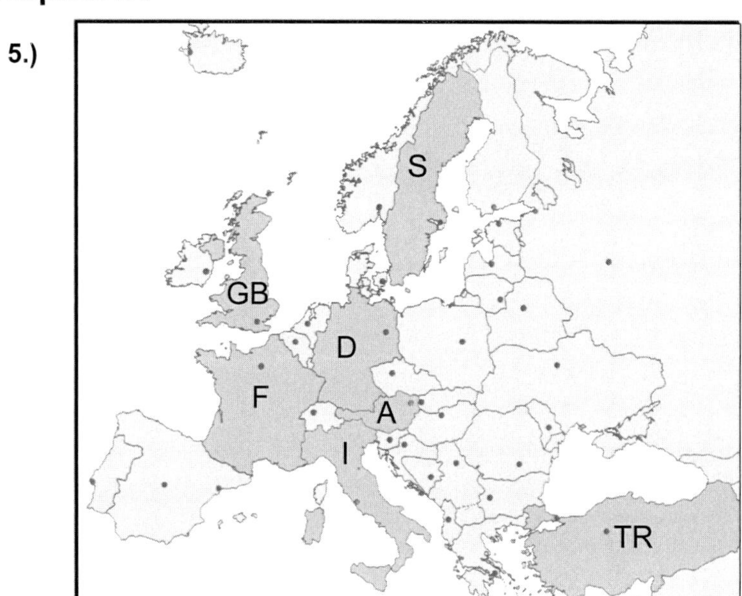

6.) Brotmesser, Brotkorb, Wurstbrot, Brotbeutel, Käsebrot, Butterbrot, Brotkranz, Brotform, Früchtebrot, Brotteller, Schwarzbrot, Weißbrot, Brotteig, Brotzeit

7.) individuelle Lösung

8.) **a)** Kürbiskernbrötchen, Laugenweckle, einfaches Brötchen, Roggenbrötchen, Rosinenbrötchen, Schokobrötchen, Mehrkornbrötchen, Sonnenblumenkernbrötchen, Mohnbrötchen

b) Das Mohnbrötchen ist nur einmal vorhanden.

9.) individuelle Lösung

12.) Nomen sind: Hafer, Ähre, Brot, Bauer, Korn, Feld, Mehl, Winter
Verben sind: kneten, mahlen, säen, ernten, wachsen, backen, essen, leben
Adjektive sind: gesund, weiß, lecker, reif, goldgelb, fein, dick

13.) Lösungswort: Sommer

Kapitel XI

1.) Kreuzrätsel:

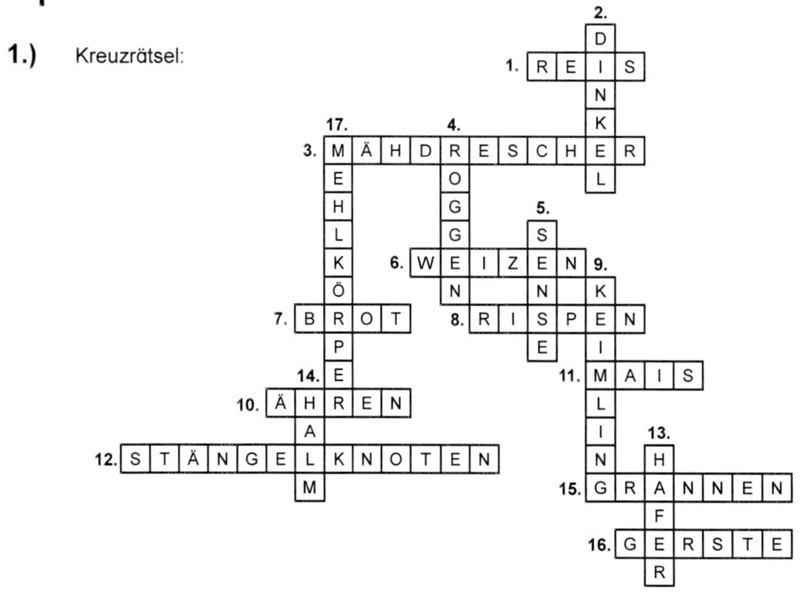

5.) **a)** Der Bauer schlug dem Teufel zunächst vor, dass alles, was über der Erde ist, dem Teufel gehören solle. Daraufhin erntete der Bauer Rüben, die in der Erde wuchsen. Das nächste Mal schlug der Bauer dem Teufel vor, dass alles, was unter der Erde wächst, ihm gehören solle. Daraufhin säte er Weizen und erntete die Halme – der Teufel ging wieder leer aus.

Lernwerkstatt VOM GETREIDEKORN ZUM BROT
Von den Getreidearten bis zur Geschichte des Brotes - Bestell-Nr. 11 089